KB230927

드라마로
풀어보는
교류분석
이야기

드라마로 풀어보는 교류분석 이야기

TRANSACTIONAL ANALYSIS STORY

김경미 지음

이담
Books

머리말

    2007년은 의미 있고 소중한 기억이 내 인생의 문을 노크한 시기였다. 오랫동안 염원해 왔던 '임용시험'에 합격하고 전문상담교사로서 당당히 첫발을 내딛게 된 해이기 때문이다. 상담 관련 교육 및 연수를 찾아다니며 열정적으로 공부했던 것도 바로 이 시기부터였고 '교류분석'이라는 상담이론을 만난 것도 바로 이 시기였다.

    '자기이해', '타인이해', '자신과 타인과의 관계 이해'를 목표로 하는 교류분석을 통해 나 자신을 한번 돌아보고자 했던 것이 처음 교류분석을 선택한 동기였다. 개인상담을 진행하는 데 있어서 상담도구나 기법으로 활용하며, 교사 연수, 부모 교육 등에 교류분석을 활용할 것이라는 거창한 계획까지는 생각하지 못했다.

    다양한 상담 관련 심리검사 및 상담이론들을 교육받고 공부하면서 유독 '교류분석'에 더 많이 끌렸던 이유는 무엇일까? 자신과 타인을 이해함은 물론 개인 및 집단상담, 교육, 연수 등 다양한 장면에 적용 가능하다는 것이 교류분석의 매력 중 하나일지 모른다. 교류분석의 또 다른 매력은 생소하고 다소 어려운 용어들이 나오지만 조금만 관심을 가지고 보면 쉽게 이해할 수 있는 단순하면서도 명쾌한 이론이 풍부하다는 것이다. 그러한 교류분석의 이론들을 본서에서 만나보며 그 매력에 빠져볼 수 있을 것이다.

    교류분석은 둘 또는 그 이상의 인간관계에서 이루어지는 교류패턴 또는 대화패턴을 분석하기 위한 이론으로 미국의 정신의학자였던 에릭 번(Eric Berne)에 의해 개발된 심리치료법이며 성격이론이다. 자신은 물론 타인의 성격을 구조·기능적으로 이해하고, 습관적으로 사용하고 있는 자신의 대화패턴을 확인하고, 대인관계의 걸림돌이 되고 있는 의사소통 중 어떤 것을 얼마나 사용하고 있는지 점검해 볼 수 있다. 또한 타인과의 관계에서 관심과 사랑을 받기 위해 하루 시간을 어떻게 구조화하고 있는지 점검할 수 있으며, 자신이 타인과 세상을 어떻게 바라보는지 인생태도를 탐색해 볼 수 있다.

　이러한 교류분석의 대표 이론들을 이 책에서는 드라마를 통해 만나보고자 한다. 우리의 삶과 현실 그리고 인간의 다양한 성격을 반영한 드라마 주인공들의 생활을 들여다보고 하나하나 적용시켜 봄으로써 이론들에 대해 조금 더 쉽고 재미있게 접근해 보고자 한다. 인기리에 방영되었던 드라마늘을 만나보고 무심코 시나쳤던 주인공들의 삶을 다시 살아보며 그 속에서 인물들의 성격적 특징, 인생태도, 라켓감정, 각본, 게임, 시간의 구조화, 대화패턴 등 교류분석의 대표적인 이론들을 이해해보고자 한다.

　본서는 교류분석을 공부하고자 하는 상담 관련 종사자들의 기초교재로서의 성격을 지니며 교사, 학부모, 상담 관련 자원봉사자들의 교육 및 연수 자료로 활용될 수 있다. '자기 이해와 대인관계 기술 향상을 위한 교류분석(TA) 카드'를 구입하여 이 책과 함께 본다면 교류분석에 대한 이해 및 개인·집단상담 또는 교육에 대한 활용도가 더욱 높아질 것으로 기대된다.

　가까이에서 도움을 주며 항상 긍정의 피드백으로 이 교재를 쓸 수 있도록 힘을 준 신랑과 귀염둥이 아들에게 감사의 마음을 전하며 가진 능력보다 훨씬 더 많은 능력을 발휘하며 살아갈 수 있도록 은혜를 베풀어 주시는 하느님께 겸손된 감사를 드린다. 또한 항상 부족한 글을 예쁜 책으로 편찬해주시는 한국학술정보(주)에 진심으로 감사함을 전한다.

교류분석 슈퍼바이저
김경미

Contents

머리말 4

교류분석 이야기 하나

교류분석 이야기 둘

교류분석 이야기 셋

이야기

우리는 한 개인의 말과 행동, 태도 등을 보면서 한 사람에 대해 평가를 내린다. '저 사람 참 조용하고 차분한데', '굉장히 명랑한 사람이야', '저 인간 왜 저렇게 인간미가 없어?' '피도 눈물도 없는 인간이군' 또는 '정말 따뜻한 사람이야' 등 성격을 포함한 다양한 평가를 내리게 된다. 드라마를 보면서도 마찬가지다. 드라마 속에 등장하는 인물들의 말이나 행동을 보며 우리의 현실 속에 실제로 존재하고 있는 인물인 것처럼 평가한다.

2011년 7월부터 2012년 1월까지 MBC에서 방영되었던 '애정만만세'라는 드라마를 예로 들어보자. 이 드라마에 나오는 여러 캐릭터를 보면서 나름대로 등장인물들에 대한 평가를 내린 경험이 있을 것이다. 여성스러운 남편 대신 사회생활을 하면서 억척스러움 하나로 어려운 집안을 일으키며 고급 스파를 운영하고, 가정 내에서 강력한 카리스마를 발휘하며 집안을 호령하는 크리스탈 박 역의 김수미를 보면서 '남편에게 너무하는 거 아냐?', '사위한테 저렇게 모질게 대하는 것을 보니 참 독하고 인정머리 없는 사람이야'라는 평가를 내리는가 하면 자신의 의지와는 다르게 본처와 이혼을 하고 젊은 아내와 결혼을 하게 되면서 장모에게 멸시와 무시를 받으며 가장으로서의 권위를 지키지 못하고 살아가는 강형도 역의 천호진을 보면서는 '아이고, 참으로 인간이 불쌍하다', '왜 저러고 사나?' 또한 '왜 자신의 의견을 당당하게 밝히지 못하나' 등등의 평가를 내렸을 것이다. 그런가 하면 돈 많은 엄마 덕에 명품에 빠져 자신의 외모 가꾸기에 급급하며 철없이 살아가는 변주리 역의 변정수를 보면서 '정말 이기적이다', '참 철딱서니 없네'라고 평가하기도 하고, 남편과 이혼하고 딸의 행복을 위해 온전히 헌신적인 삶을 살아온 오정희 역의 배종옥을 보면서는 '참 따뜻한 사람이다' 또는 '정말 마음이 착해'라고 평가했을 것이다. 또한 주요 인물들은 아니었지만 우리에게 '즐겁게 사는 사람들이군', '재미있네', '왠지 우리를 유쾌하게 만드는 성격이야'라고 긍정적인 평가를 받았을 오정심과 남대문, 남다름이라는 인물들도 있었다.

이렇듯 우리가 한 개인에 대해 좋은 점, 나쁜 점 등 다양한 각도에서 평가를 내리는 데 근거가 되는 것은 무엇인가? 말이나 행동을 하고 있는 사람의 태도, 표정, 행동, 목소리의 높낮이 등을 보면서 그 사람의 성격을 미루어 평가할 것이다. 교류분석에서는 그러한 개인의 태도나 행동 그 사람의 표정, 목소리 톤 등 성격을 가늠할 수 있게 하는 세 가지 자아 상태가 있다고 말한다. 즉, 이마에 주름을 잡고, 거만한 미소를 지으며, '~해야만 해', '~해서는 안 돼!'라는 언어습관을 가지고 상대를 손가락질하며 비난하는 자아(P자아) 상태가 있고, 자신에 찬 표정으로 육하원칙에 따라 이유를 따지며, 사실을 검증하려 하는 행동양상을 보이는 자아(A자아) 상태가 있다. 또한 기쁨과 슬픔 등 감정표현이 많고, '와~, 우와!' '어머!' '~해주세요' 등의 언어적 습관과 신이 나거나 들뜬 행동을 많이 보이는 자아(C자아) 상태가 있다.

교류분석의 이러한 자아 상태를 적용하여 '애정만만세'의 등장인물들을 다시 살펴보면 이렇다. 크리스탈 박은 비난과 비판으로 상대방의 자존심을 말살시킬 수 있는 어버이 자아(P) 주도의 인물이며, 강형도는 상대의 눈치를 살피며 자신의 욕망과 의견을 포기하는 어린이 자아(C) 주도의 인물이다. 변주리 역시 본능 위주로 살아가며 즐거움을 추구하는 어린이 자아(C) 주도형의 인물이다. 이렇듯 교류분석에서는 어떤 한 사람의 말, 행동, 목소리, 표정만 잘 관찰해도 그것들을 단서로 한 사람의 성격을 나타내는 자아 상태를 파악할 수 있다고 본다.

두 명 이상의 인간이 모인 곳이라면 언제, 어디서나 일어날 수 있는 교류에 대해 설명하는 '교류분석'의 기본적인 이론과 함께 드라마 속 등장인물들에 그 이론을 적용시켜 살펴봄으로써 친근하고 재미있는 접근방법으로 교류분석에 대한 이해를 돕고자 한다. 드라마를 즐겨 보지 못한 사람들을 위해 '드라마 속 교류분석'에 주로 적용시켜 살펴보게 될 주요 드라마들과 그 외 몇 편의 드라마 줄거리를 간단하게 소개한 후 본론으로 들어가는 것은 교류분석 내용을 이해하는 데 도움이 될 것으로 판단된다.

남편에게 배신당한 여자가 씩씩하게 현실을 극복하는 이야기를 담은 코믹 홈드라마다. 결혼 3년, 믿었던 남편으로부터 '희대의 사기이혼'을 당하고 졸지에 나락으로 떨어진 강재미(이보영)가 다시 밑바닥부터 출발하여 고군분투하는 성공기를 지켜보며 우울한 마음을 버리고 대리만족을 경험해볼 수 있는 희망 드라마다. 주인공 강재미(이보영)는 무늬는 똑 소리 나는 완벽주의자지만 실상은 사람을 너무 믿는 헛똑똑이 캐릭터이며, 변동우(이태성)는 '결혼이란 시효 지난 야만스러운 제도'란 굳센 믿음 아래 '오는 여자 반기고, 가는 여자 챙겨주는' 자칭 박애주의적 바람둥이 캐릭터로 등장한다. 강재미의 엄마 오정희(배종옥)는 남편과의 이혼 위기를 딛고 워킹맘으로 거듭나지만 치유되지 않은 마음의 상처를 안고 힘들어하는 딸을 격려하며 살아가는 우리 시대의 전형적인 엄마의 모습을 그려낸다. 그 외에도 외도로 이혼 후 변주리(변정수)와 재혼해 9세 딸을 둔 전직 대학병원 외과의 강형도(천호진) 등 다양한 등장인물들이 미움과 화해의 이야기를 그려내며 이혼으로 인한 상처와 극복과정을 본격적으로 다룬 드라마다.

오작교 형제들(2011.08.06.~2012.02.19)

서울 근교 오작교 농장에서 살아가는 '열혈 엄마' 박복자(김자옥)와 '진상 아빠' 황창식(백일섭) 등 황 씨 부부와 네 명의 아들(황태식, 황태범, 황태희, 황태필) 앞에 갑작스럽게 등장하게 된 백자은(유이)의 이야기를 통해 좌충우돌하면서도 행복을 찾아가는 가족 스토리 드라마다. 황태식 역의 정웅인은 장남으로서의 책임감이 강하지만 무능력하고 늘 기가 눌려 지내는 성격이며, 잘난 동생들(태범과 태희)로 인해 청소년기에 스트레스를 많이 받았다. 2% 부족한 완벽남으로 어려서부터 우등생인 엘리트 태범과 까칠한 마초형사로 생부가 교통사고로 죽고, 생모가 재혼하면서 창식과 복자의 셋째 아들로 자라 머리는 좋은데 꽤나 까칠하고 단호하게 나오는 태희, 그리고 네 아들 중 가장 매끈하고 예쁘게 잘생기고, 풍부한 유머감각, 유들유들한 언변, 수완도 좋고, 애교도 넘치는 태필이 등장한다. 이처럼 다양한 개성을 지닌 네 명의 아들과 다른 가치관을 가진 그 상대자들이 펼쳐내는 각양각색의 현실적인 사랑 이야기이다. 가족들이 살아가면서 펼쳐내는 갈등과 어려움, 그러면서도 사랑과 인생에 대한 극복과 감동을 통한 낙관과 긍정의 드라마라 할 수 있다.

 ## 영광의 재인(2011.10.12~2011.12.28)

2군 프로야구 선수 김영광(천정명)과 여주인공 윤재인(박민영)이 인생 역경을 딛고 성공하는 이야기를 다룬 드라마다. 시대를 살아가는 젊은 청춘들의 인생 고난 극복기이자 휴먼 성장 스토리인 이 드라마에는 윤재인과 김영광이라는 주요 인물이 등장한다. 혈혈단신 외롭게 자랐으나 마음은 누구보다 따뜻한 절대 긍정녀인 윤재인과 비록 2군 출신에 가진 것 없는 빈털터리지만 마음만은 언제나 세상의 4번 타자 이고픈 순수 자뻑남 김영광, 이 두 청춘이 운명을 극복하고 '굴하지 않고' 나아가면서 그 안에서 감사의 법칙과 행복의 법칙을 찾아가는 이야기이다. 그리고 성공을 위해서는 가족도 버릴 수 있는 권위적인 아버지 밑에서 세상을 부정적이고 까칠하게 바라보는 서인우(이장우)가 있다. 아버지의 영향으로 '감정은 촌스럽고 쓸데없는 것'이라 여기며 다른 사람들에게 상처를 주고 살아간다. 그러나 완전하지 못한 모습을 보일 때마다 '못나 빠진 놈'이라는 비난과 질타를 했던 아버지에 대해서 무서움과 두려움, 그리고 증오와 원망의 이중 감정을 가진다. 그리고 사랑하는 여자에게 자신의 감정과 마음을 표현하지 못한 채 살아간다.

 ## 브레인(2011.11.14~2012.01.17)

뇌를 소재로 신경외과 전문의들의 이야기를 다룬 메디컬 드라마다. 대학병원 신경외과를 무대로 하는 이 드라마는 뇌와 관련된 다양하고 흥미로운 에피소드를 통해 인간을 보고, 느끼고, 연민할 수 있는 가슴 찡한 이야기가 펼쳐진다. 몸도 마음도 불우하게 자라 누구보다도 성공에 대한 열망에 불타는 속물 이강훈(신하균)이 자신과는 정반대인 태생적 귀족 서준석(조동혁)과 경쟁해 그를 뛰어넘고, 치열한 경쟁의 장인 대학병원에서 최고가 되기 위해 눈물겨운 노력을 해나가는 과정을 그린 드라마다. 교만한 속물 이강훈이 자신과는 엄청난 상극이었던 김상철(정진영) 교수를 차츰 자신의 멘토로 받아들이는 과정에서 변화하고 진화해나가는 모습이 그려진다. 적대관계였던 이강훈과 김상철이 서로를 알아보고 끈끈한 사제의 정으

로 결속해나가는 과정이 담겨 있다.

 ## 샐러리맨 초한지(2012.01.02~2012.03.13)

　백도 하나 없지만 잡초 같은 근성과 대책 없는 정의감으로 거대한 세력과 맞서 싸우는 유방(이범수), 최고의 학력과 실력으로 놀라운 업무 수행능력과 조직 장악력을 보이지만 피도 눈물도 없는 항우(정겨운), 진시황(이덕화) 회장도 말리지 못하는 천방지축 외손녀 여치(려원)와 겉으로는 화학분야의 최고 엘리트지만 엉뚱한 내숭 덩어리 우희(홍수현) 등 다양한 캐릭터가 등장한다. 이 드라마에 등장하는 실명의 인물들은 고전 초한지와는 조금씩 다른 캐릭터를 지니고 있으며, '고전 뒤틀기'를 통해 오늘날의 직장 풍속도를 풍자와 해학에 담고자 한 드라마다. 이 드라마에는 정형화되지 않은 다양한 캐릭터들이 존재하고 충돌하며 자신만의 방식으로 욕망을 채워나간다. 첩보전을 방불케 하는 치밀한 음모와 배신이 난무하면서도 사랑과 우정, 휴머니즘이 느껴지는 내용이다. 각기 다른 가치관과 명분을 가지고 있는 캐릭터들이 때로는 비정한 악인의 모습으로, 또 때로는 한없이 약하고 여린 인간의 모습으로 오늘을 사는 현대인의 모습을 그려내고 있다.

 ## 해를 품은 달(2012.01.04~2012.03.15)

　조선 시대 가상의 왕 이훤(김수현)과 비밀 속에 싸인 무녀 월(한가인)의 애절한 사랑을 그린 드라마다. 이 드라마는 조선의 가상 왕 시대, 스물세 살 젊은 왕의 연애사, 즉 '궁중 로맨스'다. 중전과 후궁들의 살벌한 궁중암투 내지는 권력을 둘러싸고 펼쳐지는 당파 싸움이 아니라 첫사랑에 순정을 바치고 사랑의 완성을 위해 목숨을 거는 왕세자의 첫사랑, 그 시대 젊은이들의 순애보에 관한 이야기다. 슬프지만 아름답고, 순수하기에 비장한 젊은 주인공들의 궁중 로맨스이며, 각기 다른 색깔을 지닌 사랑 이야기다. 이 드라마에는 조선의 젊은 왕 이훤(김수현)이 있다. 나라의 근본이 되는 백성이 가장 높은 자리에, 백성의 근심을 끌어안는 자가 왕의 자리에, 학문과 인격을 갖춘 자가 관리의 자리에 있어야 한다는 정치철학을 가진 차갑지만 영리하고 첫사랑을 끝까지 지켜나가는 순정파 캐릭터다. 그런 왕이 사랑한 여인이 있다. 뜨거운 태양 아래 시원하게 쏟아지는 소나기처럼 청량하고 신선하고

쾌활한 연우(한가인)가 바로 그 주인공이다. 그런 연우를 가슴에 담아두어야만 하는 양명(정일우)은 유유자적하는 풍류남아이며, 겉으로는 허허실실, 내면은 오리무중의 자유로운 영혼이다. 어린 시절 훤의 그늘에 가려 부왕으로부터 많은 냉대를 받았으나 홍문관 대제학의 사가에 드나들며 치유받았다. 그곳에서 연우를 만나 애타는 그리움과 연모를 배웠지만 그녀의 세자빈 간택과 연이은 죽음에 그 또한 절망에 빠져 오랜 세월이 지난 후 훤과 연우, 그리고 양명의 또다시 이어지는 운명적인 만남과 함께 이야기는 전개되어 나간다.

 더킹 투하츠(2012.03.21~2012.05.24)

정략결혼한 남북 최고 가문 남녀가 서로에 대한 편견과 세상의 불신, 방해를 딛고 사랑을 키워나가는 이야기를 담은 블랙 코믹 멜로드라마다. 왕의 동생, 왕자님, 남한 최고의 남자이며 로열패밀리 후광과 세련된 유머, 잘생긴 얼굴을 갖춘 그러나 지독한 속물의 남자가 있다. 그가 바로 이재하(이승기)이다. 북한 최정예 특수부대를 가르치는 전설의 여자 '1호 교관'이며, 체력, 훈련, 전술 모두가 뛰어난 최고의 군인이지만 나이 서른이 되도록 연애 한번 못 해본 모태 솔로인 여자가 있다. 그가 바로 김항아(하지원)이다. 그런 그녀에게 당에서 무한맞선을 미끼삼아 세계장교대회 출전을 제안해왔다. 크나큰 기대를 안고 제안을 받아들이고, 남조선 날라리 왕자 이재하를 만난다. 우여곡절 끝에 사랑에 빠지며 통일에 대한 생각은 전혀 없는 그들이 자신의 사랑과 가족을 위해 고군분투하며 결혼을 향해 달려가는 가슴 찡하고 유쾌한 휴먼멜로의 이야기를 펼치는 드라마다.

 다섯 손가락(2012.08.18~2012.12.02)

극단화된 개인주의화와 이기주의, 물질만능주의를 살아가는 우리에게 가족과 핏줄의 의미에 대해 한번쯤 다시 생각해보게 하는 드라마다. 재벌가에서 태어나 거만하고 독선적이며 제멋대로인 유만세(조민기)는 부인이 자신과 결혼하기 전에 낳은 자식을 몰래 키우다가 자신이 밖에서 낳은 자식인 것처럼 속여 집으로 데리고 들어온다. 이때부터 이 가정에는 풍파가 일고 부인 채영랑(채시라)은 자신의 친아들인지도 모르고 남편과 자신 사이에서 태어난 아들만을 위해 목숨을 건다. 피아니스트의 꿈도, 차기 부성그룹의 새 회장도 다 자신의 친아들만이 이루어낼 수 있는 일이라 믿는다. 남편의 배신과 지금의 모든 힘든 일을 친아들이 다 보상해주리라 믿으며, 악착같이 살아간다. 그러나 이렇게 억척스럽고 자신을 미워하는 사람이지만 이 사람의 친자식처럼 살아가고자 했던 유지호(주지훈)가 있다. 가난하던 삶이 화려한 왕자의 삶으로 변해 혼란스럽기도 했지만 가족으로 인정받고 가족으로서 함께 살아가기를 희망한다. 채영랑의 친아들 유인하(지창욱)는 갑작스러운 사고로 아버지가 죽은 후 자신을 친아들로 알고 살려줬던 엄마와 함께 지켜내야 했던 동생이었다. 하지만 유만세의 알 수 없는 행동으로 모든 사람은 서로 믿지 못하고 마음에 증오와 미움과 분노를 품고 살아가야 하는 끝없는 지옥의 삶을 살아가게 된다. 친엄마와 친아들이지만 그 사실을 모르고 서로를 몰락시키기 위해 달려가는 안타까운 내용이 펼쳐진다.

 드라마의 제왕(2012.11.05~2013.01.17)

돈과 명예, 성공을 위해서라면 그 모든 것을 다 버릴 수 있는 비열하고 뻔뻔스러우며, 냉혈한 같은 드라마 제작사 대표 앤서니 김(김명민)과 드라마는 사람들에게 사랑을 전해야 한다고 믿는 신인작가 이고은(정려원), 타협을 모르고 혼자 잘난 척 살아가는 국내 톱스타 강현민(최시원), 그리고 이 드라마의 투자자인 위암 말기 일본 재벌 사업가 와타나배(전무송)가 펼치는 드라마다. 앤서니 김은 7년간 신의와 충성을 가장해 자신을 보필하다 제국 프로덕션의 제왕이 되기 위해 자신을 계략적으로 파멸시킨 오진완(정만식)에게서 백억 대의 일본 투자를 빼앗아오면서 오진완과 숙명적 라이벌 관계가 된다. 타고난 근성과 집념으로 5년째 스타 작가의 보조작가로 묵묵히 일하던 중 20년 동안 독학으로 쓴 습작의 산물인 '경성의 아침'을 드라마화해주겠다는 앤서니 김의 악마 같은 제안을 눈감고 수락하면서부터 인생은 꼬이기 시작한다. 하지만 작품을 위해서는 부모도 버려야 한다는 철학을 가지고 살아가는 차갑고 무서운 앤서니 김의 마음에 조금씩 사랑을 싹트게 만든 주인공이기도 하다. 대외적으로는 젠틀하고 세련된 이미지를 가지고 있지만 앤서니 김만큼이나 까칠하고 제멋대로인 한류스타 강현민은 그의 우유부단함과 타협을 모르는 욕심으로 이고은의 드라마 내용에까지 관여하면서 드라마를 점점 막장으로 몰아간다. 등장인물들을 2% 살짝 비틀어진 각도로 우아하게 스포트라이트를 비추며 반전과 삶의 권태를 가로지르는 유쾌한 재미를 그린 드라마다.

 세상 어디에도 없는 착한 남자(2012.09.12~2012.11.15)

　우리 모두에게는 누구나가 피해갈 수 없는 기억의 장난이 있다. 기억은 퇴색되고 잊혀지며, 윤색되고, 각색된다. 그래서 우리는 소중했던 사람들과 소중했던 감정들을 가끔씩 잊고 지낸다. 이 드라마는 그렇게 잊고 지내온 우리의 소중한 가치들을 기억해내도록 이끌어준다. 또한 이 드라마는 우리 곁을 맴도는 분노, 슬픔, 고통, 증오의 감정들이 어디에서부터 시작되었는지 되돌아보게 하고, 정말로 소중한 가치들이 무엇인지 깨닫게 해준다. 이 드라마에는 방황의 긴 여정을 떠나는 젊은이들이 있다. 비천한 가정환경을 빼면 명석한 두뇌에 훌륭한 외모까지 갖춘 완벽한 남자 마루(송중기)가 있다. 그는 꽤 잘나가는 여배우들과 재계 상위권의 여자들에게 인기를 독차지하는 도도하고 까칠하고 시크한 성격이며, 공식적인 직업은 바텐더다. 아버지를 재벌로 둔 서은기(문채원)는 또래 아이들이 겪는 감정과 상상, 그리고 일상적인 경험을 차단당한 채 오로지 태산의 후계자라는 코드만 인식한 비밀 병기처럼 자라났다. 어느 누구에게도 진심을 보여서는 안 되며, 부모 형제라 할지라도 믿지 말고, 울고 싶을 땐 혼자 울고, 웃고 싶을 땐 혼자 웃는 것이 이 험하고 무서운 세상을 살아갈 수 있는 유일한 길이라는 아버지의 가르침을 받고 살았다. 시궁창 같은 삶에서 벗어나고 싶은 마음이 간절한 한 여자도 있다. 한재희(박시연)가 바로 그 인물이다. 그녀는 의도하지는 않았지만 재벌 총수 서 회장이 보여주는 그 화려한 삶을 살기 위해 마루에게 엄청난 일을 저지르고, 유일하게 자신의 편이었던 마루에게서 떠나갔다. 한 남자의 인생을 뭉개고, 재벌 총수의 여자가 되기 위해 그렇게 뻔뻔스럽게 떠나갔다. 이 세 인물이 펼쳐내는 사랑과 미움이 공존하는 그러나 우리가 살아가는 21세기에 진정 필요한 것이 무엇인지 생각해볼 수 있게 하는 드라마다.

 **불굴의 며느리**(2011.06.06~2011.11.18)

도심 한가운데 위치한 300년 전통의 종택 만월당에 사는 여인들의 삶을 그린 드라마다. 핵가족은 물론이고 1인 가구의 비율도 늘어나고 있는 요즘, 현대인들은 외롭다. 그런 현대인들에게 가족은 마음의 뿌리다. 희끗희끗 이끼가 끼어 있는 지붕과 세월의 무게를 고스란히 이고 있는 대문, 300년 된 은행나무, 조상의 신위를 모신 사당과 수백 년 대를 내려온 정면에 걸려 있는 나무 현판. 타임머신을 타고 과거 여행을 떠나온 것 같은 풍경이지만 그 풍경 속을 채우고 있는 동시대 사람들이 그려내는 가족 이야기다. 종갓집 여자들의 고군분투하는 이야기를 통해 고단하고 힘든 현대인들에게 유쾌한 웃음과 따뜻한 감동과 눈물을 경험하게 한다.

부탁해요 캡틴(2012.1.4~2012.03.08)

열정과 패기로 똘똘 뭉친 부조종사가 파일럿으로 성장하는 이야기를 그린 드라마다. 하늘은 결코 조종사를 쉽게 허락하지도, 조종사를 쉽게 버리지도 않는다고 믿는 여 부기장 한다진과 조종사에겐 '준비'와 '완벽'만이 존재한다고 믿으며 조종사가 행운을 바란다면 하늘은 죽음을 선사할 것이라고 믿는 기장 김윤성의 갈등과 사랑을 그려낸 드라마다.

📺 특별사건전담반(2011.11.18~2012.01.13)

강력 사건 중 해결이 안 된 10% 안팎의 미제 사건을 파헤치는 특별수사팀의 활약을 그린 드라마다. 정나미가 떨어질 만큼 냉정하고 칼 같은 성격에 만사가 이성적이고, 논리적이고 철저한 여지훈(주상욱)과 경찰을 하기에는 너무 예쁘장하고 순진한 외모에 한없이 착한 성격의 남예리(조안)가 있다. 그녀는 사람들의 부탁을 거절하지 못해서 난처한 상황에 직면하기도 하며 지나가는 사람들을 보면서 그들의 심리를 추리해보는 것이 취미이기도 하다. 또한 허허실실, 유유자적하며 다소 물렁해보이는 외모이지만 직관이 뛰어나며, 한번 물은 사건은 절대 놓지 않고 끝까지 해결하는 '백독사' 백도식(김상호)이 있다. '더 이상 미제 사건은 없다'는 모토로 이들이 펼쳐내는 특수사건전담수사팀의 두뇌싸움이 숨 막히게 펼쳐지는 드라마다.

📺 패션왕(2012.03.19~2012.05.22)

동대문 시장에서 출발해 세계적인 디자이너로 성공하는 사람들의 이야기를 그린 드라마다. 내일을 향해, 세계를 향해 뛰고 있는 젊은이들의 도전과 성공, 그리고 사랑과 욕망을 그려낸다. 사랑에 대한 집착과 끝을 모르는 욕망을 통해 진실과 진정한 사랑을 찾아가는 내용의 드라마다. 희망과 미래가 없고, 꿈을 갖는 것조차 어리석은 짓이라고 생각하는 강영걸(유아인)과 희망을 잃지 않고 엄마가 물려주신 피를 이어받아 유명한 디자이너의 꿈을 키워가는 이가영(신세경), 그리고 늘 부족한 것과 실패 없이 교만하고 당당하게 살아온 정재혁(이제훈), 이 세 젊은이가 그려내는 성공과 사랑의 드라마다.

📺 넝쿨째 굴어온 당신(2012.02.25~2012.09.09)

'능력 있는 고아'를 이상형으로 꼽아온 커리어우먼 차윤희(김남주)가 완벽한 조건의 외과 의사를 만나 결혼에 골인하지만, 상상하지도 못했던 시댁 등장으로 생기는 이야기를 그린 드라마다. 가족이 싫었던 여자와 가족이 무엇인지 모르고 살았던 남자의 낯선 사람들과의 가족되기를 그려내는 드라마다. 이상하고 불편한 그러나 재밌고 유쾌한 가족애가 그려지며, 그 속에 있는 다양한 성격의 가족들이 서로에게 맞추어나가며 만들어내는 삶의 이야기가 고스란히 담겨 있다.

📺 그래도 당신(2012.05.21~2012.12.03)

이 드라마는 '부부는 무엇으로 사는가?'라는 질문에 '사랑'이라고 자신 있게 대답하는 아내와 '말없음표'로 대답할 수밖에 없는 세파에 지친 남편이 빚어내는 파란만장한 이혼과 재혼의 공방이 소재인 드라마다. 남편의 '말없음표'를 사랑이라고 믿었던 한 여자가 상상조차 하지 못했던 남편의 배신에 쓰러지고 또 일어서면서 그 '말없음표'에 숨겨진 남편의 진심을 깨닫게 되는 여정을 그린다. 사랑해서 결혼했지만 재벌가의 비정한 경영권 분쟁에 휘말려 이혼 남녀가 되어버린 한 소시민 부부의 깨진 결혼과 그들의 이혼에 반응하는 가족 구성원들의 다양한 모습을 통해 진정한 결혼의 조건에 대해 생각해보게 된다.

📺 무자식 상팔자(2012.10.27~)

자식들을 위해 평생을 희생하는 우리네 부모님들의 이야기이며, 곧 부모가 될 자식들이 그 사랑을 배워나가는 따뜻하면서도 가슴 찡한 가족 이야기다. 유한 성격으로 사소한 거짓말도 잘하지 못하는 안희재(유동근)는 고등학교 평교사로 퇴직하고 그림을 그리며 평화롭게 살고 있는 우리의 아버지상이다. 안희재의 처 이지애(김해숙)는 맏며느리로서 융통성도 없고, 푸근하지도 않고, 자신이 옳다는 확신에 차 있어서 참는다고 참지만 결국엔 입바른 소리를 하고 마는 조금은 억척스러운 우리의 어머니상이다. 이 드라마는 이 두 부부와 그의 자녀들, 즉 양악수술 전문의 안성기(하석진), 지방법원 판사 안소영(엄지원), 카페 아르바이트를 하면서 바리스타를 꿈꾸는 막내 안준기(이도영) 등과 많은 가족이 함께 그려내는 포근한 삶의 이야기다.

📺 힘내요 미스터 김(2012.11.05~)

결혼은커녕 연애도 제대로 못 해본 한 남자가 핏줄이 아닌 네 명의 아이를 가족으로 받아들여 키워나가면서 겪게 되는 이야기를 그린 드라마다. 핏줄을 넘어선 '가족'이 되고자 몸부림치는 이들의 노력을 통해 진짜 가족의 의미에 대해 생각해 보게 된다. 핏줄도 함께 나눈 추억도 없는 이들이 세상으로부터 '가족'으로 인정받는 과정은 순탄하지 않고, 그보다 먼저 이들 서로가 가족으로 받아들이는 것조차 힘들다. 모든 것이 변해도 변하지 않는 진실한 사랑 이야기로 전개되는 내용이다.

📺 청담동 앨리스(2012.12.01~2013.01.27)

사랑보다 우선시되는 것이 많은 이 시대에 사랑이라는 환상에 관한 이야기를 다룬 드라마다. 멜로영화 같은 순수결정체의 사랑을 좇는 남자의 '진정한 사랑 찾기 프로젝트'와 사랑을 가장한 비즈니스를 좇는 여자의 '시집 잘 가기 프로젝트'가 다루어진다. 그저 환상이라고 취급하기엔 여전히 신기루처럼 잡힐 듯 말 듯한 '사랑의 가치'에 대해 말하고자 하는 드라마다.

이야기

단국

　　　　국내에서는 1990년대에 본격적으로 서울 박종삼, 나동석 교수(숭실대)가 한국교류분석연구회를 통해 교류분석을 본격적으로 연구하기 시작하였으며, 대구에서는 우재현 교수가 한국교류분석협회를 이끌며 이론적인 연구를 시작하였다.

　우재현(1989)에 따르면 자폐 상태로 태어난 인간은 가정 속에서 최초의 관계 맺음을 형성하게 되고, 부모를 비롯한 중요한 타인들의 인정자극을 받으며 자폐 상태에서 벗어나게 된다. 유아기에 있어서 부모나 양육자로부터 받는 접촉이나 애무 등의 신체적 인정자극에 대한 욕구는 성장한 뒤에는 칭찬이나 승인 등의 정신적 인정자극의 욕구로 이행하는데, 이들 사이에는 다소 차이가 있으나 모두가 자기의 존재를 인정받기 위한 욕구가 내재해있다고 한다.

　둘 또는 그 이상의 인간관계에서 이루어지는 교류패턴 또는 대화패턴을 분석하기 위한 이론을 제시하며 발전되어 온 성격이론이 교류분석이다. 교류분석이론은 자신을 이해하고 타인을 이해하며, 자신과 타인의 관계를 이해함으로써 개인의 성장을 목적으로 하는 심리학이면서 심리치료이론이다. 이 이론은 미국의 정신의학자였던 에릭 번(Eric Berne, 1964)에 의해 발전되었다. 국제교류분석협회(ITAA)에서는 교류분석을 '개인의 성장과 변화를 위한 체계적인 심리치료법이며 성격이론이다'라고 정의하고 있다.

　교류분석의 기본가정은 '인간은 OK'라는 것이다. 인간은 자신의 행동에 대한 책임을 지며, 자신의 어려움을 극복하고 문제를 해결할 수 있는 잠재능력을 가지고 있다는 것이 교류분석의 인간에 대한 믿음이다. 인간의 무의식 세계를 강조하며 변화 가능성을 부정했던 프로이트와는 달리 인간은 언제든지 재결단할 수 있다는 교육의 가능성을 제시한 것이다. 즉, 교류분석의 기본적 사고방식은 유아기까지에 형성된 성격을 변화시키는 것이 가능하며, 인간의 의식적인 변혁과 행동수정이 가능하다고 본다. 이 때문에 교류분석은 '자기 이해', '타인 이해', '자기와 타인의 관계 이해' 내지 '조직과 사회의 이해'라고 하는 세 가지로 구분하여 인간관계의 이해를 깊게 하고 그것에 의해 사고혁신, 감정혁신, 행동혁신이라고 하는 삼위일체적인 인간행동의 변화를 도모해가도록 하고 있다(우재현, 1989).

성격이론으로서의 교류분석은 사람들의 심리적 구조를 설명해준다. 사람들은 다른 사람들과 교류를 할 때, 서로 다른 세 가지의 자아 상태 중 어느 한 가지 자아 상태에서 교류한다. 자아 상태라는 것은 특정한 사고, 느낌, 행동의 방식을 가리킨다. 각각의 자아 상태는 뇌의 특정 부위의 네트워크 및 활성화로부터 유래한다. 이러한 자아 상태 모델로부터 그 사람의 성격이 어떻게 행동으로 표현되는가를 이해할 수 있다고 보는 것이 교류분석이다. Eric Bern(1964)은 모든 인간은 본질적으로 자유로운 존재로 태어나며, 자율적인 삶을 살아갈 수 있는 능력을 가지고 있다고 보았다. 그러나 생의 초기에서부터 주변 환경, 특히 부모나 부모 대리자들의 부정적이고 파괴적인 강력한 영향력 때문에 자율성을 포기하게 된다. 그리하여 많은 사람이 어린 시절의 그가 맺은 인간관계에서 무조건적이고 무비판적으로 받아들일 것을 고착화시킨다. 몸에 배어버린 이런 삶의 양식, 즉 느끼고 생각하고 반응하는 낡고 묵은 행동양식들에 매여 살아가기 때문에 다른 사람들과의 관계에서도 진실된 만남을 방해 받고 있으며, 현실과 유리된 불행한 삶을 살아가게 되는 것이다. 그러나 인간은 내부에 자율성을 회복할 수 있는 상당한 잠재능력을 가지고 있다고 하였다(이병래, 1996).

김성자(2006)에 따르면, 그러므로 Bern의 이론에 근거한 교육을 통해 개인의 자아 상태를 파악하고, 그 자아 상태가 인간관계 장면에서 어떻게 나타나는가를 확인하며 각자의 자아 상태들이 영향력을 미치는 원인을 분석하여 그러한 과거의 영향력으로부터 벗어나게 할 수 있다는 것이다. 즉, 지금－현재(here and now)의 상황에서 자신을 통찰하며 이해하고, 진실한 모습으로 자발적이며 친밀한 인간관계를 맺을 수 있고, 이로써 보다 생산적이고 자율적인 인간이 될 수 있다고 믿는 것이 인간에 대한 교류분석의 긍정적인 철학이다. 또한 6세까지 부모와의 초기경험이 아이의 일생을 지배하며 성격발달과 자아개념 형성, 사회성 발달의 원동력이 된다(류태보, 1996). 긍정적 인정자극을 받으면 좋은 관계를 통해 신뢰감이 쌓이고 자아존중감이 높아진다. 사람은 인정자극을 받으려는 욕구를 지니고 긍정적 인정자극을 받지 못하면 부정적 인정자극이라도 받으려고 한다. 비행행동을 저질러 부모의 부정적 인정자극이 있었다면 그것이 하나의 강화가 되어 계속적으로 비행행동을 하기도 한다. 즉, 청소년의 비행행동은 인정자극을 받고자 하는 일종의 몸부림이라 볼 수 있다.

김선희(2008)는 부모의 사회참여로 인해 어린이나 청소년들이 하루 중 혼자 지내는 시간이 늘어나고, 컴퓨터, 게임 등으로 인해 사회에서 자신을 고립시키거나 부적응 행동을 보이기도 하는데 이러한 현상은 점점 늘어가고 있는 추세라고 말하고 있다. 이런 학생들은 대인관계 및 학교 등과 같은 조직 사회에서의 규칙 등을 준수하기 어려워하고, I'm Not OK–You're Not OK의 특성을 보이며 타인과의 접촉을 피하고 교류하려는 노력을 하지 않는다고 하였다. 교류분석은 바로 이러한 '교류'에 초점을 맞춘다. 두 사람 간에 일어나는 교류에 관심을 기울이면서 의사소통을 할 때 각각 세 자아 상태 중 한 자아 상태에서 자극과 반응이 오가는 것을 배운다. 또한 이러한 교류에 세 가지 유형이 있다는 사실을 발견하며 타인과 의사소통하는 방법을 배우게 된다(우재현, 2005). 따라서 타인과의 올바른 의사소통 방법을 모르고 접촉하려 하지 않는 청소년 또는 성인들에게 교류할 수 있는 기회와 방법을 제시해줌으로써 학교, 타인과의 접촉을 가능하게 만드는 것이 교류분석 이론의 크나큰 매력이라 할 수 있을 것이다. 원만한 교류를 통한 타인과의 접촉이 현대를 살아가는 많은 사람에게 문제를 해결하는 데 도움이 될 수 있을 것이다.

1. 구조분석 – 내 마음의 '자아 신호등'

　　인간의 성격을 나타내는 어버이 자아(P), 어른 자아 (A), 어린이 자아(C)의 세 가지 자아가 구조적으로 어떻게 구성되어 있는지를 분석하는 것이 자아의 구조분석이다. 세 가지 자아 상태를 통해 인간의 성격을 분석하려는 구조분석을 P-A-C모델이라고도 한다. 조윤미(2003)는 구조분석의 목적은 과거의 경험 자료들 때문에 형성된 자아구조의 혼합이나 배타현상의 여부를 파악하고, 자유롭게 각 자아 상태에 대한 현실검증을 할 수 있도록 도우려는 것이라고 하였다. 각각의 자아는 단서가 되는 언어적, 행동적, 표정 등의 특징들을 가지고 있으며, 그 특징들을 보면서 그 사람을 나타내는 성격이 어떤지 가늠할 수 있다. 만약 불쾌한 표정에 이마에는 주름이 잡히고 손가락으로 상대방을 비난하며, 명령하는 어조로 말하는 것이 관찰된다면 그 사람은 지금 P자아 상태에 있을 가능성이 있다. 또는 흥분된 얼굴로 기뻐하며, 큰 소리로 웃고 "와우~, 신난다. 정말 재미있는 일이야"라고 말하는 모습이 관찰된다면 그 사람은 C자아 상태에 있다고 말할 수 있다. 또한 A자아 상태에 있는 사람은 사려 깊고, 깊게 생각하는 모습에 육하원칙에 의해 이유를 묻고, 원인을 분석하며 조사하는 모습이 종종 관찰될 것이다.

　　어버이 자아(P)는 도덕적 가치판단을 포함하며 프로이트의 초자아(superego)로 설명될 수 있다. 어른 자아(A)는 현실적인 부분을 나타내는 자아(ego)에 어린이 자아(C)는 본능적인 충동을 포함하는 원욕(id)에 해당될 수 있다. 그러나 이 세 가지 자아 상태(P, A, C)는 엄밀하게 말하자면 프로이트의 성격 개념과는 다르다. 프로이트의 초자아(super ego), 자아(ego), 이드(id)는 관찰되지 않는 가설에 불과한 면이 많지만, 에릭 번의 세 가지 자아 상태는 위에서 설명된 것처럼 관찰 가능하다는 것이다. 이처럼 에릭 번(Eric Berne, 1964)은 무의식의 세계에 관심을 가졌던 프로이트와는 달리 관찰 가능한 의식적인 행동에 관심을 두고 그의 이론을 정립해 나갔다(『교류분석개론』, 송희자).

Bern(1964)에 의하면 P자아는 생후 5년 동안에 부모나 주된 양육자들이 하는 말이나 행동 그리고 태도 등을 무비판적으로 습득하여 내면화시킴으로써 형성되는 자아이다. A자아는 생후 10개월경부터 경험을 통해 스스로 자각하고, 사고하게 되면서 형성되는 자아로서 정보를 수집하고 처리하며 P자아와 C자아에서 수집된 정보들이 적절한지를 판단해주는 역할을 한다. 생득적인 충동과 감정, 그리고 부모나 주된 양육자들과의 관계를 통해 만들어진 감정이 내면화된 C자아는 세 가지 자아 중 가장 먼저 발달하는 자아이다. 어린 시절에 축적된 경험 감정들은 어린이 자아 상태의 내용물이라고 규정한다.

에릭 번은 세 개의 자아는 각각의 인격으로서 분리되어 있으며, 자아 상태마다 고유한 사고, 행동, 감정을 나타낼 뿐만 아니라 특이한 행동의 원천이 된다고 보았다. 또한 그는 자아 상태란 '일관된 행동유형에 상응하여 이와 직접적으로 관련되어 있는 감정과 경험의 일관적인 형태로서 일정한 시기나 상황에서 성격의 한 부분을 드러내는 방식'이라고 정의하고 있다.

이 세 가지 자아는 서로 독립적이면서도 유동적으로 역할을 다할 때 건강한 성격이라 할 수 있으며 어느 한 자아에 편향되거나 고착될 때 건강하지 못한 성격이나 병리현상이 나타날 수 있는 것이다. 세 가지 자아 상태의 기본적인 의미는 다음과 같이 정리될 수 있다.

세 가지 자아	특징

- 출생 후 5년 동안 외부의 경험원들, 주로 부모를 모방 학습하여 형성된 태도 및 기타 지각 내용과 그 행동들로 구성된다.
- 권위적이고 비판적이거나 또는 보호적이고 배려적인 특징을 가진다.
- 부모가 했던 것과 같이 행동하고, 생각하고, 느끼고 있다고 판단될 때 어버이 자아 상태에 있다고 말할 수 있다.

어버이 자아

언어적 특징	· ~해야만 한다, ~해서는 안 돼, 항상, 결코 · 괜찮아, 걱정 마, 내가 돌봐줄게.
행동적 특징	· 손가락질하며 비난, 탁자를 친다, 위협한다, 머리를 가로저으며 금지시킨다. · 안아준다, 위로한다, 가볍게 등을 두드린다.
특징적 표정	· 주름 잡힌 이마, 근엄한 표정, 화가 난 표정 · 따뜻하고 부드러운 미소, 애정 어린 눈빛

세 가지 자아	특징

- 생후 10개월경부터 어린아이가 자기 자신에 대한 독자적 사고가 가능해짐에 따라 자신감을 갖게 되면서 형성된다.
- 논리적이고 합리적이거나 이해타산적 특징을 가진다.
- 어떤 정보나 사실을 수집하고 처리하며, 객관적으로 계산하고 있을 때 어른 자아 상태에 있다고 말할 수 있다.

어른 자아

언어적 특징	· 왜?, 사실은, 제 의견은, 결과는, 이유는? · 비교해보면, 제 판단에는, 조사해보면
행동적 특징	· 곧은 자세, 지적인 호기심, 상대방의 행동에 대한 피드백, 무엇인가를 손가락으로 가리킨다.
특징적 표정	· 생각하는 표정, 진지하고 예리한 눈빛 · 자신에 찬 표정, 감정 없는 차가운 표정

<table>
<tr><th>세 가지 자아</th><th>특징</th></tr>
</table>

어린이 자아

	· 출생 후 5년 동안 유아에게서 자연적으로 발생되는 모든 충동을 포함하여 다양한 관계와 경험에서 느끼는 감정들과 그러한 감정들에 대한 반응 양식들로 구성된다. · 본능적이고 직관적이거나 또는 순응적인 특징을 가진다. · 어린아이였을 때 한 것과 같이 행동하고 생각하고 느낄 때 어린이 자아 상태에 있다고 말할 수 있다.
언어적 특징	· 와우, 신난다, 까르르~, 재미있다, 깜짝이야 · 도와주세요, 끔찍해, 무서워라, 아! 슬퍼
행동적 특징	· 즐거워한다, 들떠 있는 모습, 명랑, 활발 · 머뭇거린다, 의기소침, 짜증 부린다, 눈치 본다
특징적 표정	· 상기된 표정, 순진한 표정, 기쁜 표정 · 슬픈 표정, 비참한 표정, 눈물 흘림

이 세 가지 자아 중 어떤 자아가 주도적이냐에 따라 관찰되는 모습이 다르다. 주도형의 각기 다른 성격적 특징을 살펴보면 다음과 같다.

고지식하여 자유롭게 본래적인 감정을 표현하거나 나타내기 힘들고, 인생을 즐기는 능력이 부족하다. 일중독으로 되기 쉬우며, "~해야만 해", "~해서는 안 돼"라는 식의 비난과 비판의 언어나 행동이 많거나, "~해줄게", "어서 ~하렴"과 같이 과잉간섭과 과잉보호 행동이 많기 때문에 상대는 C자아 우세형으로 되기 쉽다.

P주도형으로 보이는 드라마 속 등장인물들은 많다. '오작교 형제들'에서 남여경(박준금)은 남편의 잠깐 동안의 외도를 결코 용서할 수 없다. 그래서 딸 수영이의 결혼 이후에 남편과는 한집에서의 철저한 별거 상태로 들어간다. '이혼녀로서의 실패자'라는 낙인을 결코 용납할 수 없는 그녀는 남편과 딸을 자신의 손아귀에 넣고 흔들며 살아간다. 모든 것이 자신의 뜻대로 되어야 하고, 누구든 자신이 지시하는 대로 움직여주어야 직성이 풀린다. 그렇지 않으면 그녀는 소리 지르고, 상대를 비난하며 얼굴에 주름을 잡는다.

'샐러리맨 초한지'의 진시황도 대표적인 P주도형의 인물이다. 거침없는 저돌적인 경영방식으로 총수가 아닌 제왕으로 군림한다. 천하그룹이 위기에 처할 때마다 그는 구조조정의 칼날을 사정없이 휘두른다. 누구든 그의 눈 밖에 나는 사람은 용서

하지 않으며, 잔인한 비난과 저주로 상대방의 자존심을 무너뜨린다. 호령하고 명령하고 지시하는 것이 그의 일상이다.

또 한 명의 대표적인 P주도형이 있다. '더킹 투하츠'의 김봉구(윤제문)가 바로 그 인물이다. 엄청난 자금력으로 전 세계에 막강한 영향력을 행사하는 다국적 군사복합체의 지주 회사인 클럽 M의 회장이다. 항상 얼굴에는 분노와 화가 드리워져 있고 상대방에게 손가락질하며 소리친다. 폭력과 폭언도 서슴지 않는다. 자신이 정한 원칙에 따라 모든 것이 움직여주어야 한다. 그 원칙에 어긋나는 사람은 누구든 제거의 대상이 된다. 평화를 깨뜨리고 자신이 세상을 지배하고자 하는 한 가지 목표에 주변을 돌아다보는 여유도, 다른 사람의 감정을 살피는 너그러움도 없이 오직 목숨을 걸고 일만 할 뿐이다.

P주도형을 위한 조언

- 자신과 타인에 대한 기대치를 낮춰라.
- 흐트러진 모습을 보여도 괜찮다.
- 주위를 돌아보면 즐길 것들이 많이 있다.
- 웃는 얼굴로 상대방에게 다정하게 말해보라.
- 원리원칙은 때때로 깨어져도 상관없다.

 **주도형**

현실적 자아가 지나쳐 타산적으로 되기 쉬우며, 합리적이고 객관적이지만 인간미를 결하기 쉽다. 상대도 A자아 상태로 대하게 되어 서로가 속마음을 터놓고 교감을 나누는 관계보다는 피상적이고 형식적이며, 약간 차가운 관계가 되기 쉽다.

A주도형의 인물들은 드라마 속에도 많이 존재한다. '더킹 투하츠'의 은시경(조정식)은 감정을 허용하지 않고 모든 일에 공과 사를 명확히 구분한다. 자로 잰 듯 반듯한 육사 출신으로 위기의 상황에도 감정적인 흔들림 없이 침착하고 정확하게 일을 처리한다. 상대에게도 자신에게도 감정이라는 것이 있다는 것을 인지하지 못한다. 그래서 주위 사람들이 조금은 냉정하고 차가운 사람으로 평가 내리고 있다. 얼굴에는 표정이 없고 그의 마음에 무엇을 담고 있는지 알 수가 없다.

'샐러리맨 초한지'의 장량(김일우)도 나름 A주도형의 인물이다. 전형적인 A주도형은 아닐지라도 그의 성향은 상당히 A주도형적인 면이 많다. 비상한 두뇌와 조직 장악력으로 정에 이끌리지 않고 일을 처리하는 모습들이 그러하다. 정을 나누거나 교감하는 만남보다는 일로서 만나는 관계가 많고 또 그런 관계를 좋아한다. 자신에게 손해가 될 만한 행동은 결코 하지 않으며, 자신에게 이익이 될 만한 일에만 뛰어든다.

'특별사건전담반'에도 A주도형은 등장한다. 정나미가 뚝 떨어질 만큼 냉정하고 칼 같은 성격에 만사가 이성적이고, 논리적이고 철저한 여지훈(주상욱)이 그 인물이다. 사건에 대한 진상을 파악하거나 일을 처리할 때 놀라운 추리력과 판단력이 돋보이며, 아무리 끔찍한 사건이라 할지라도 한 치의 흐트러짐도 없이 침착하게 문제를 해결해나간다. 얼굴에는 항상 표정 없이 무엇인가 생각하는 듯한 진지함이 묻어 있다.

A주도형을 위한 조언

- 마음을 들여다보라.
- 큰일이 아니라면 가끔씩 속아 넘어가 주어라.
- 상대방의 감정을 읽어보라.
- 살아가면서 내가 조금 손해 봐도 괜찮다.
- 따지지도 말고, 묻지도 말고 그냥 도움을 주라.

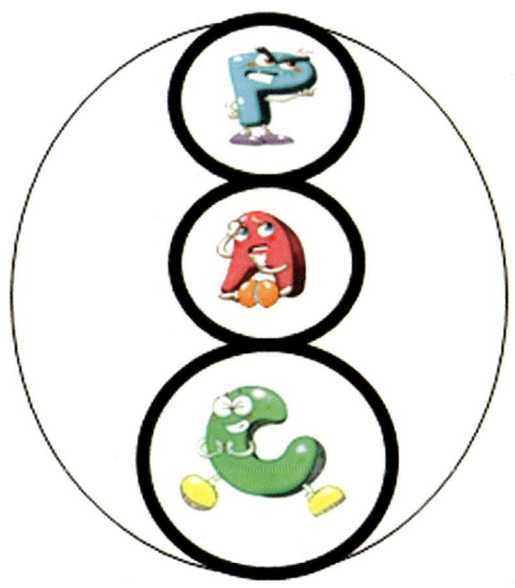

유아적 욕구가 강하고 현실적 자아 A의 부족에서 문제 처리나 해결에 어려움을 느낄 수 있다. 이상적 자아 P의 미발달로 사회 적응이 힘든 경우가 많고, 감정이 풍부하거나 기복이 심할 수 있다. 자신의 생각대로 행동하거나 또는 자신의 감정을 억제하여 상대의 감정에 맞추거나 한다. 이런 사람에 대하여는 상대는 P로 대하는 경우가 많다.

'해를 품은 달'에 나오는 양명(정일우)은 유유자적하며, 풍류를 즐기는 남아다. 겉으로는 허허실실하고 내면은 오리무중의 자유로운 영혼을 꿈꾸는 C주도형의 인물이다. 구속받는 것을 싫어하며, 틀에 박힌 것을 싫어한다. 한곳에 머물러 있는 것도 싫어한다. 그냥 마음 내키는 대로 자유를 즐기며 인생을 즐기는 것을 좋아한다. 물론 왕의 자리를 넘보는 위험한 인물로 보이지 않기 위한 그리고 자신을 왕으로 만들려는 자들에게 헛된 꿈을 꾸지 않게 하기 위한 노력도 있으나 드라마에서 보이는 인물의 성격은 C주도형임에 틀림없어 보인다.

'더킹 투하츠'의 공주 이재신(이윤지) 역시 C주도형이다. 천방지축이고 왕실의 막내로서 귀여움을 독차지한다. 자유분방하고 장난꾸러기이다. 항상 얼굴에는 웃

음이 가득하고 다른 사람들로 하여금 유쾌함을 느끼게 한다. 감정이 없던 A주도형
은시경의 마음에 사랑의 감정을 심어준 주인공이기도 하다. 구김살이 없고 명랑
쾌활하다. 끔찍하고 충격적인 사건으로 인해 어두운 면을 보이기도 하지만 그 사
건 이전 그녀의 타고난 성향은 분명 C주도형이다.

'브레인'의 고재학(이성민) 교수도 P주도형처럼 보이지만 사실 그의 성향을 자세
히 들여다보면 C주도형에 가깝다. 진득하게 무엇인가를 하지 못하고, 욱하는 성격
때문에 때로는 일을 그르친다. 자신의 직관을 믿고 잔머리를 굴리지만 그로 인해
자신이 함정에 빠지기도 하는 믿지 않은 악역이다. 자신의 아내를 가장 무서워하
는 어린애다운 면모도 보인다.

C주도형을 위한 조언

- 어떤 일을 할 때 한 번 정도 더 생각해보라.
- 상대방에게도 C자아가 있음을 생각하라.
- 상대가 P로 접근할 때 내 감정이나 의사를 표현하라.
- 의존성을 버려라.
- 결단력을 발휘하라.

자신의 구조를 분석해봅시다. 앞에 있는 세 가지 주도형을 참고로 자신의 구조분석을 통해 행동적 · 언어적 특징을 탐색해봅시다. 다음 예시를 참고하세요.

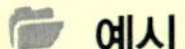 **예시**

나의 구조분석	나의 행동적 · 언어적 특징
	· 항상 적극적이다. · 잘 웃는다. · 놀 땐 죽자고 논다. · '앗싸!' '와우'를 많이 쓴다. · 재미있다는 말을 많이 듣는다. · 조금 이기적이다. · 약간 어린애 같다. · 현실적이지 못하다.

나의 구조분석	나의 행동적 · 언어적 특징

2. 기능분석 – 다섯 가지 자아 이야기

　세 가지 자아가 구조적으로 어떻게 구성되어 있는가를 분석함으로써 성격을 설명하는 것을 자아 상태의 구조분석이라고 하며, 이 세 가지 자아가 각각 어떻게 기능하고 있는지를 세분화하여 분석해보는 것을 자아 상태의 기능분석이라고 한다. 송희자(2010)에 따르면 구조와 기능을 구별하는 것은 중요하다. 사람들 간의 교류에 대해 이야기할 때에는 언제나 기능 모델을 사용해야만 한다. 구조적 모델은 그 사람 내부에서 무엇이 진행되고 있는가를 살펴볼 때 적합하다. 같은 이야기를 기술적 언어로 표현하자면, TA작업에 있어서 사람과 사람 간의 문제에서는 기능 모델이 필요하며, 내적·심리적 문제들에는 구조적 모델에 의한 접근법이 필요하다.[*]

구조(Structure)=무엇(What)=내용(Content)

기능(Function)=어떻게(How)=과정(Process)

📁 자아 상태의 기능 분석

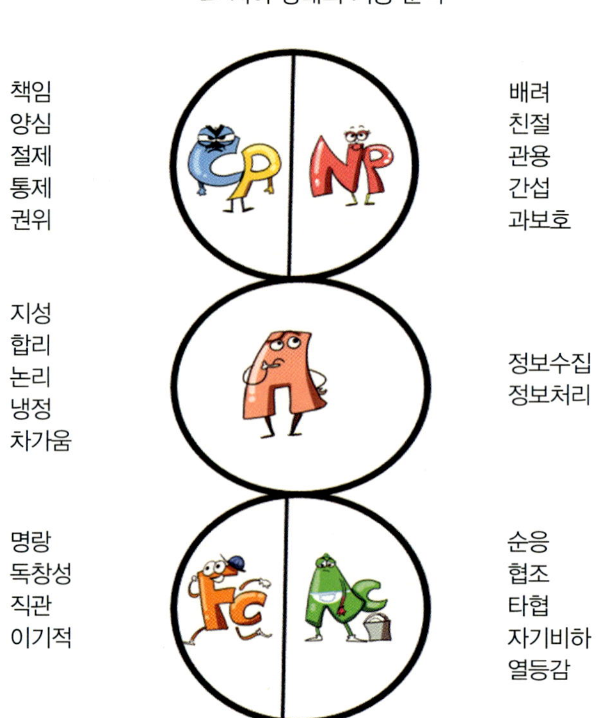

참고: 『교류분석 프로그램』, 우재현.

---

[*] 『교류분석 개론』, 송희자 참고.

세 자아를 기능적으로 세분화하면 어버이 자아(P)는 비판적 어버이 자아(CP)와 양육적 어버이 자아(NP)의 두 가지 면으로 나눌 수 있다. 어린이 자아(C)는 자유 어린이 자아(FC)와 순응 어린이 자아(AC)로 나누며, 객관적이고 논리적인 A자아는 기능적으로 나누지 않는다. 세 가지 자아 상태를 기능적으로 나눈 다섯 가지 자아를 정리하면 앞의 그림과 같다.

가. 비판적 어버이 자아(CP)

부모는 자신의 도덕적 가치판단의 기준에 따라 자녀를 교육하고 훈계하며 가르치려고 한다. 자신이 정해놓은 그 기준에 따라 상대방이 행동하지 못할 때는 꾸짖거나 비난하며 소리 지르기도 한다. 때로는 때리고 폭력을 행사하기도 한다. 이러한 부모의 말이나 행동이 그대로 내면화되어 생활 속에서 자신의 CP로 작동하게 된다.

제석봉(2002)은 부모는 자녀에 대한 기대뿐만 아니라 자기의 견해와 신념 및 가치, 그리고 편견까지도 전달된다고 하였다. 그리하여 부모나 부모와 같은 권위적 인물들이 했던 방법을 모방하여 남의 행동을 통제하거나 비판할 때 CP자아 상태에 놓이는 것이라고 하였다. 다섯 가지 자아에는 모두 긍정적인 면과 부정적인 면을 포함하게 되는데 CP는 도덕적이고 윤리적인 가치판단 기준을 가지고 있어서 약속을 잘 지키고, 질서나 규칙을 준수하며 자신에 대한 통제력과 조절력이 있고, 계획적인 긍정성을 가지고 있다.

하지만 지나치게 되면 자신의 가치판단에 어긋나는 타인의 행동에 대해 비난적이고 비판적이며 처벌적이게 된다. 또한 상당히 보수적이며 편견이 심하고, 지나치게 자신의 주장만이 옳다고 내세울 수 있다. 자신이 무조건 옳고, 최고라는 생각으로 다른 사람에게 명령하고, 시킴을 당연시할 수 있다.

CP가 높은 학생들의 에너지가 긍정적인 방향으로 흐르면 학교규칙을 잘 지키고, 스스로를 통제하며, 학생으로서의 책임감을 가지고 대인관계를 형성할 수 있다. 그러나 에너지가 부정적인 방향으로 흐르면 자기 마음에 들지 않거나, 자신과 의견이 다른 친구들에 대해 Not OK로 인식하고 친구를 공격하거나 처벌하거나 하는 학교폭력의 가능성에 노출되기 쉽다. 항상 화를 내고 친구들을 비난하는 모습을 보인다.

또한 늘 CP로서 명령하고 비난한 부모 밑에서 자란 아이들은 반항하거나 무기력(우울)해질 수 있다. 반항하는 아이들은 그나마 힘이 있다고 볼 수 있으나 그 힘을 자신들보다 약한 사람들에게 표출하는 방법을 선택하게 된다. 따라서 집에서의 폭력 피해자가 학교에서의 폭력 가해자가 되어 친구들을 괴롭힐 가능이 커진다. 반대로 무기력한 아이들은 부모의 CP에 눌려 점점 AC를 키우고 상대방의 눈치를 살피며, 자신의 감정을 억제한 채 살아갈 수 있다.

CP 에너지양이 많을 때	
이런 건 잘해요	이런 건 서툴러요
• 시간 약속 지키기	• 상대방 칭찬하기
• 일에 대한 책임지기	• 사랑한다는 말하기
• 자신에 대해 통제하고 조절하기	• 약속시간 어긴 사람에게 관대하기
• 계획적으로 생활하기	• 다른 사람에게 친절하기
• 자신의 외모 가꾸기	• 삶을 여유 있게 즐기기
• 상대방에 대해 비난하기	• 다정하고 부드럽다는 평가 듣기
• 명령하고 꾸짖기	• 스트레스 상황에서 화내지 않기
• 상대방의 자존심을 상하게 만들기	• 재미있고 유쾌한 농담하기

드라마 속 CP 1		
영광의 재인	CP 추정 인물	서재명(손창민)
성격적 특징	승부욕이 대단히 강하고, 남에게 진다는 것은 결코 용납될 수 없는 성격이다. 자신이 원하는 것을 얻기 위해서라면 친구마저도 죽음으로 몰아갈 수 있는 출세지향형이다. 자신과 타인, 특히 아들에 대한 기대치가 높으며, 그 기대가 채워지지 못했을 때 불같이 화를 내고 상대방의 자존심을 짓밟아버린다. '가난한 사람들은 거지 근성을 가지고 있다'는 편견을 가지고 무시하며 경멸하고 살아간다. 이 세상을 움직이는 가장 절대적인 법칙은 약육강식이라고 믿으며, 강하면 살아남고, 약하면 죽는다는 아주 단순한 법칙을 자식에게도 강요하며 살아간다. 그러한 그의 가치관 때문에 자신의 아들 서인우의 유약함을 너무나 싫어하며, 그 나약함을 없앤다는 명분하에 아들에게 '남들 앞에서 약한 모습 보이지 마라', '성공하지 않으면 안 된다', '완벽하지 않으면 안 된다'는 금지령으로 힘든 삶을 살아가게 만든다. 자신의 원칙을 중요하게 여기며 모두가 그 원칙에 따라주기를 강요한다.	

| 잘 쓰는 말, 어투 | <ul><li>어디로 처들어 먹은 거야?</li><li>가만 두지 않겠어.</li><li>넌 항상 ~가 문제야.</li><li>서재명 가라사대, ~하라고 했다.</li><li>망할 놈……</li><li>넌, 나가 있어!</li><li>너, 감히……</li><li>너, 뭐하는 놈이야?</li><li>없이 사는 것들의 생존방법이야?</li><li>내 말을 감히 거역할 수 없어.</li><li>쓰레기 짐짝 같은 놈들!</li><li>이런 못나 빠진 놈!</li></ul> |

드라마 속 CP 2		
브레인	CP 추정 인물	이강훈(신하균)
성격적 특징	대한민국 최고 명문, 천하대 의대를 졸업, 최고의 성적으로 본교 수련의를 거친 능력을 갖춘 의사답게 잘난 척 빼면 시체다. 몸도 마음도 불우하게 자란 탓에, 내 힘으로 노력해서 얻은 것들에 대한 지나친 자부심을 가지고 있다. 모든 걸 가지고 태어난데다 뼛속 깊이 귀족스러움이 넘치는 사람은 언제나 그에게는 이겨줘야만 하는 대상이었다. 약육강식의 정글을 차근차근 정복해가며 통쾌한 희열을 만끽하는 성격이다. 자신의 출셋길에 방해가 되는 사람에게는 비난과 비판을 서슴지 않으며, 사랑하는 사람에게조차 칭찬과 사랑의 표현을 하지 않고, 명령과 비난을 해대는 성격이다. 또한 상대방의 자존심을 무참히 말살시켜 버리는 것이 취미인 그다. 누군가에게 명령받는 것을 싫어하며 지적당하는 것을 못 참아 한다. 또 흐트러진 모습을 보이는 것을 싫어하며 여성에 대한 편견과 선입견을 가지고 있다. 항상 완벽하고 성공한 모습만을 보이기 위해 일에 몰두하고 매진한다. 뒤를 돌아보지 않고 앞만 보고 돌진하여 때로는 일에 중독된 사람 같다.	
잘 쓰는 말, 어투	<ul><li>일 똑바로 해!</li><li>너 따위가 날 어떻게 대하든 나는 나다.</li><li>수술 방 잡고 머리 열어!</li><li>살리면 내가 살려.</li><li>말 들어!</li><li>네 멘탈에 이상 있냐?</li><li>너는 감히 흉내 낼 수 없는 실력이고, 그것이 곧 능력이란 생각 안 해봤어?</li><li>하면 내가 한다.</li><li>너랑 같은 급으로 묶지 마.</li></ul>	

성격적 특징	억척스러움과 손재주 하나로 미용실을 일궈 미스코리아를 양산, 부와 명성을 얻었다. 어려움을 딛고 성공하자 자연히 미천한 학벌과 출신의 열등감을 없애기 위해 '박말년'이란 촌스러운 이름도 '크리스탈 박'으로 바꾸고 거짓으로 파리 유학파 미용인으로 자처하며 잘난 척, 아는 척, 있는 척한다. 또한 자신의 딸과 재혼한 이혼남 사위 강형도(천호진)에 대한 노골적인 천대와 멸시로 비난하고 손가락질을 서슴지 않는다. 권력도 명예도 돈도 없는 사위를 항상 구박하고 그의 자존심에 상처를 입히며 무조건 자신의 말이 법이고, 진리인 것처럼 집안사람들을 호령하며 산다. 자신의 뜻대로 되어야 하며 자신의 말을 듣지 않는 가족에게는 협박하고 위협하며 돈으로 보복한다. 모두가 자신의 명령에 살고, 명령에 죽어야 하며 누구도 단서를 달아서는 안 된다고 생각한다. 자신의 원칙, 가치, 판단이 무조건 옳다고 믿기 때문이다.
잘 쓰는 말, 어투	• 겟 아웃 해! • 시끄러워! 셧 업 마우스 해! • 이 자식은 왜 이렇게 안 들어와? 들어오기만 해봐, 확~ • 너 이게! • 겟 아웃 해. 라잇 나우! • 너 때문이야! • 네가 가진 게 뭐 있어? • 자네가 능력이 있어? 돈이 있어? • 우리 집에 얹혀사는 주제에 • 자네 분수를 알아야지. • 다 내 말 들어. 내가 하라는 대로 해.

 ### '샐러리맨 초한지'-최항우(정겨운)

목적을 위해서라면 수단과 방법을 가리지 않고 저돌적인 경영방식을 펼쳐나가는 인물이다. 자신의 생각이나 가치와 다르면 상대방을 공격하고 비난하기를 일삼는다. 자신이 가지고 있는 원리원칙을 그대로 이행하여야 하며 그 원칙이 무너지는 것을 용납하지 않는다. 자신을 믿고 맡겨준 일에 대해서는 책임감도 강하여 끝까지 마무리하는 근성도 가지고 있다. 상대방을 조심스럽게 다루며 공감해주는 능력이 부족하다.

 ### '샐러리맨 초한지'-백여치(려원)

세상 물정에 어둡고 사치스럽다. 모든 직원을 시종처럼 여길 정도로 안하무인, 천방지축이다. 입이 거칠고 사납다. 마음에 들지 않으면 상대방의 마음은 아랑곳없이 비난과 폭언을 퍼붓는다. 세상에 믿을 것은 자신밖에 없다고 생각하고 자신의 가치와 판단이 옳다고 생각한다. 가난한 사람들에 대한 편견을 가지고 있어서 '가난한 사람들은 게으르다'고 생각한다.

 ### '시크릿 가든'-문분홍(박준금)

고집 세고 차가운 성격과 가시 돋친 말솜씨 때문에 주변 사람들을 종종 다치게 한다. 꼿꼿한 자존심과 넘치는 야망에 방해가 되는 일이라면 거침없이 상대방을 공격한다. 자신이 귀하게 길러낸 아들에 대한 기대치가 높아 눈에 차지 않는 여자를 상대로 자존심을 말살시키는 성격이다. 가난한 사람들에 대한 편견과 고정관념을 가지고 있어서 아들의 여자를 보고 돈 때문에 접근했다고 단정 짓고, 그 믿음이 옳다고 굳게 확신한다. 또한 모든 것이 자신의 손안에서 이루어지기를 바란다.

 ### '드라마 제왕'-앤서니 김(김명민)

외모는 조지 클루니 급에 이기적 기럭지에 매력 넘치는 몸매지만 입만 열면 욕설과 독설의 제왕이다. 영어, 일어, 중국어에 능숙한 국제적인 독설가다. 그에게 세

상의 중심은 언제나 돈이며, 수준 낮은 드라마는 참아도 돈 안 되는 드라마는 참지
못한다. 돈, 작품을 위해서는 아버지도 버려야 한다는 철학으로 성공적 평가만큼
이나 악명 높다. 돈을 벌기 위해, 성공하기 위해 방해되는 그 어떤 것들도 다 용서
할 수 없으며, 돈이 되는 드라마를 위해서라면 무엇이든 할 수 있는 인물이다. 자
신에게 맡겨진 드라마는 목숨 걸고 성공시키는 일중독 인물이며, 자신의 내면을
들여다보기를 거부하는 인물이다.

 '무자식 상팔자'–이지애(김해숙)

맏며느리다. 어머니로서 자식을 생각하고 위하는 기본적인 마음은 있지만 융통
성도 없고, 푸근하지도 않고, 자신이 옳다는 확신에 차 있다. 참는다고 참지만 결
국엔 입바른 소리를 하고 마는 조금은 억척스러운 성격이다. '결혼 전에 여자는 순
결해야 한다', '미혼모는 결코 용납될 수 없다'는 가치관을 가지고 그 가치에 위배
되는 행동을 자신의 딸인 지방법원판사 안소영(엄지원)이 하게 됨으로써 갈등을
겪게 된다. 그 갈등과정에서 CP의 전형적인 모습을 드러내며 딸의 이해할 수 없는
행동에 통제되지 않는 비난과 경멸로 마음에 상처를 남긴다.

나. 양육적 어버이 자아(NP)

따뜻하고, 온정적이며, 온화하고 애정을 지닌 어머니와
같은 성격을 가진 자아이다. 야단치고 비난하며 꾸짖기
보다는 격려하고 칭찬하며 위로와 지지로 힘을 주는 부
모나 주된 양육자들의 말이나 행동을 보고 그대로 모방
하여 답습하는 것은 NP가 작동하는 것이다. 동정이나 관
용적인 태도를 타인에게 보이며 용서와 칭찬에 더 익숙
한 생활태도를 가지기 때문에 NP가 기능하면 그 사람은 친절하고 따뜻한 성품의
사람으로 평가된다. 타인의 말을 잘 들어주고, 어려운 사람들을 돌보며 싫은 소리
를 잘 하지 못하는 이들은 상대방에게 긍정적인 언어적·신체적 스트로크(인정자
극)를 제공해준다.

따라서 NP가 긍정적으로 기능하는 사람들은 보호적·온정적·배려적·지지적

으로 원만한 인간관계를 형성하는 데 지대한 영향력을 행사할 수 있는 반면 지나치면 과간섭적이 되거나 과보호적이 되어 자녀나 상대방을 힘들게 할 수도 있다. 자녀들에게 지나치게 밀착되어 친구관계를 꼼꼼하게 파악하려는 엄마, 10분 동안의 잠이 더 필요한 자녀를 굳이 깨워 신선한 야채주스를 먹이려는 엄마, 중학생인 자녀의 수학여행 가방을 챙겨주며 '이건 내일 입고, 이 양말은 그다음 날에 신고, 씻고 나서는 몸에는 이 큰 크림을, 얼굴에는 작은 크림을 발라'라고 하면서 일일이 챙겨주는 NP 충만한 엄마들은 그것이 진정 자녀들을 위한 사랑인지 혹시 직장생활을 열심히 하면서도 누구 못지않게 자녀들에게 최선을 다하고 있다는 스스로의 위로 내지 합리화를 위한 것은 아닌지 통찰이 필요하다.

'나만의 최선'이라는 동화에 나오는 소와 사자의 사랑 이야기는 NP가 높은 사람들에게 좋은 메시지를 전달해준다. 사자의 입장은 생각하지 않고 날마다 풀을 제공하는 소와 소의 입장은 생각하지 않고 날마다 고기를 제공하는 사자는 상대를 배려하지 못한 '자신만의 최선'을 고집했던 것이다. 결국 그 이기적인 배려가 상대를 더 힘들게 할 수 있다는 것을 소와 사자의 이별을 통해 보여주고 있다.

NP 에너지양이 많을 때	
이런 건 잘해요	이런 건 서툴러요
• 어려운 일을 당한 사람 위로해주기	• 상대방의 부탁 단호하게 거절하기
• 친구나 동료 칭찬해주기	• 힘들어하는 사람 보며 외면하기
• 드라마 보면서 눈물 흘리기	• 험악한 표정 짓기
• 버려진 동물을 보며 마음 아파하기	• 자녀가 잘한 것에 대해 칭찬 안 하기
• 교육 중에도 자녀들 끼니 걱정하기	• 공과 사를 정확하게 구분하기
• 수시로 전화하며 자녀들의 동태 파악하기	• 자녀들 일에 관심 끊기
• 자녀들의 패션까지도 일일이 챙겨주기	• 사람들 대화에 끼어들지 않기
• 자녀들의 헤어스타일도 내가 원하는 대로!	• 상대방의 독립심을 키워주기
• 혼자 있고자 하는 동료 억지로 위로해주기	• 오랜 시간 혼자 보내기
	• 슬픈 드라마 보고 눈물 참기
	• 불우이웃 돕기에 동참하지 않기

<table>
<tr><td colspan="3" align="center">드라마 속 NP 1</td></tr>
<tr><td>애정만만세</td><td align="center">NP 추정 인물</td><td align="center">오정희(배종옥)</td></tr>
<tr><td>성격적 특징</td><td colspan="2">남편의 외도로 이혼한 후 영업사원으로 굳세게 딸을 키우며 그 딸에 대한 강한 모성애를 발휘하며 살아간다. 따뜻하고 온화한 성격이며, 딸을 위해 자신을 희생할 줄도 안다. 전형적인 현모양처였지만 혼자 딸을 먹여 살려야 하는 관계로 능력 있는 워킹우먼으로 거듭나 겉으로 보기에는 완벽해 보이지만 이혼의 아픔을 딛고 딸에게 희망을 걸고 살아가고 있다. 자신과 똑같은 이혼의 길을 선택한 딸을 구박하고 비난하기보다 딸에 대한 안타까움으로 격려를 보내며 딸에 대한 믿음을 보낸다. 또한 외도 후 이혼하고 자신과 딸을 너무나도 힘들게 했던 남편이 뒤늦게 가정으로 돌아왔을 때 그 남편의 상처를 감싸주며, 나이 들어 얻은 지병까지 정성을 다해 기쁜 마음으로 간호한다. 마음으로부터의 용서와 사랑을 보낼 줄 아는 따뜻한 성품을 지닌 인물이다.</td></tr>
<tr><td>잘 쓰는 말, 어투</td><td colspan="2">• 재미야, 괜찮아.
• 난 널 믿어.
• 네가 하고 싶은 대로 해. 엄마는 언제나 네 편이야.
• 엄마는 우리 재미, 제일로 사랑해.
• 내가 당신을 지켜줄게요.
• 미안해하지 말아요.
• 내 마음이 너무 아파.
• 내가 널 지켜주지 못해 미안해.
• 재미 아빠, 지금부터라도 내가 당신 옆에 있어 줄게요.
• 돌아와 줘서 고마워요.</td></tr>
</table>

<table>
<tr><td colspan="3" align="center">드라마 속 NP 2</td></tr>
<tr><td>샐러리맨 초한지</td><td align="center">NP 추정 인물</td><td align="center">차우희(홍수현)</td></tr>
<tr><td>성격적 특징</td><td colspan="2">명문대 화학과를 수석으로 졸업하고 현대미술과 클래식 음악에 일가견이 있는 지적인 매력의 소유자이지만 사람에 대한 따뜻한 마음을 가지고 있다. 귀족생활을 하는 여치(려원)를 질투하지만 어려움에 처한 그녀를 망설임 없이 도와주는 따뜻한 마음을 가지고 있다. 그리고 어려움에 처한 유방(이범수)을 도와주면 자신이 곤경에 처할 수 있다는 것을 알면서도 외면하지 못하고 도와주는 따뜻하고 친절한 성격이다.
지적이며 고상해 보이도록 노력하고 훈련하는 설정에 의한 겉모습과는 달리 여리고 약한 마음의 소유자이다. 가끔 자신을 돌보지 않고 아무나 도와주려는 성품 때문에 '오지랖 넓다'는 평가를 받는다. 사람을 쉽게 믿는 만큼 쉽게 속고 사기당한다. 자신의 이익을 챙기지 못하고 2%가 부족해 약간 어리석어 보이는 인물이다.</td></tr>
<tr><td>잘 쓰는 말, 어투</td><td colspan="2">• 방이 씨!(언제나 부드러운 목소리로)
• 내가 도와줄게요.
• 뭘 도와줘야 하는 거죠?
• 당신 참 불쌍한 사람이군요.
• 내 도움이 필요할 거예요.
• 내가 어떻게 모르는 척해요?
• 내가 난처해진다고 저 사람이 어려움에 빠지는 걸 보고 가만히 있을 수 없잖아요?
• 어쩌겠어요? 여기서 지내요. 조금 불편하겠지만 있을 곳이 여기밖에 없잖아요. 내가 조금 불편하면 되죠 뭐.</td></tr>
</table>

해를 품은 달	NP 추정 인물	이훤(김수현)
성격적 특징	잘생기고 영리하며 정치세계의 냉정함과 비열함을 모르며 존재 자체가 위협인 '양명대군' 앞에서도 언제나 티 없이 웃을 수 있는 여유로움을 가졌다. 연우(한가인)를 통해 자신이 다스려야 할 궐 너머의 세상과 첫사랑의 설렘을 배우고 그 첫사랑을 향한 끝없는 기다림을 실천한다. 연우의 죽음 이후 웃음을 잃고 약간 차갑고 냉정한 성격을 가진 것처럼 보이지만 따뜻한 마음으로 백성을 바라볼 줄 알며, 군자가 세상을 다스려야 한다는 기본 마음을 가지고 있는 따뜻한 왕이다. 나라의 근본이 되는 백성이 가장 높은 자리에, 백성의 근심을 끌어안는 자가 왕의 자리에, 학문과 인격을 갖춘 자가 관리의 자리에 있어야 한다는 정치철학을 가진 차갑지만 영리하고 첫사랑을 끝까지 지켜나가는 순정적인 마음을 가지고 있다.	
잘 쓰는 말, 어투	• 나 하나로 인해 많은 백성이, 정말 많은 백성이 목숨을 잃고 말았습니다. • 해주고 싶은 말이 많았으나 해주지 못했다. • 형님, 눈을 떠보십시오. 제발…… • 백성이, 나의 백성이 고통받고 있습니다. • 저자를 아들에게로 보내주어라. 그 아들이 얼마나 아비를 기다리고 있겠느냐? • 내가 많이, 아주 많이 사랑했다고…… • 걱정 말아라. • 그리움이 실체가 되어 나를 홀리고 있구나.	

📺 '패션왕'-이가영(신세경)

바닥인 삶에서 유일한 희망인 디자이너를 꿈꾸며 힘들게 살아나오지만 사람에 대한 타고난 측은지심과 따뜻한 마음을 지니고 있다. 자신의 것을 희생하면서까지 타인을 배려하는 성격이다. 상대방의 말에 곧잘 상처 입기도 하는 여린 마음의 소유자다. 때로는 타인에 대한 배려나 관심이 지나친 간섭과 잔소리로 받아들여질 때도 있다.

📺 '불굴의 며느리'-오영심(신애라)

긍정적이고 따뜻한 마음을 가진 성격이다. 사랑하는 사람을 만나 마음고생을 하면서도 시어머니와 시할머니가 받을 충격과 상처를 생각하며 혼자 아픔을 견뎌낼 줄 안다. 항상 다른 사람을 먼저 생각하는 배려의 마음이 기본에 깔려 있다. 여자로서는 치명적일 수 있는 병에 대한 선고를 받고도 자신의 건강에 대한 걱정보다는 사랑하는 사람의 마음을 다치게 할까 더욱 걱정하는 인물이다. 주변 사람들이 행복할 수 있다면 자신의 희생을 마다하지 않고, 그로 인해 오히려 더 기뻐한다. 얼굴에는 항상 온화한 미소가 가득하다.

📺 '다섯 손가락'-홍다미(진세연)

타고난 감성의 피아니스트이며, 늘 얼굴에는 미소가 떠나지 않는 긍정적인 성격의 소유자다. 가난해도 행복할 줄 알고 자신보다 더 힘든 엄마를 위로하며 살아간다. 천성이 친절하고 따뜻하며 다른 사람을 먼저 배려할 줄 아는 성품으로 가난 때문에 그토록 좋아하는 피아노를 배울 수 없었지만 자신의 마음속에 늘 피아노를 품고 미래를 꿈꾸며 긍정적으로 살아간다. 자신의 주변 사람들에게 항상 따뜻한 햇살 같은 인물로 존재한다.

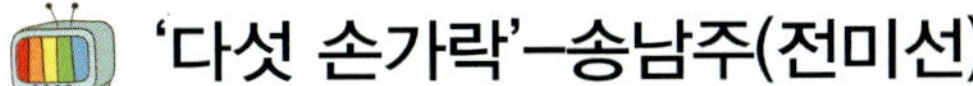 ## '다섯 손가락'-송남주(전미선)

예쁜 얼굴보다 마음이 더 따뜻하고 예쁜 여자다. 봉사활동으로 만난 청각장애인 수표와 사랑에 빠져 결혼까지 한다. 가난하고 힘든 삶을 살아가지만 항상 긍정적인 마음으로 자기보다 더 힘든 남편과 예쁜 사랑을 하며 살아간다. 서로를 위해주며, 똑똑하고 모범적인 아들과 명랑하고 씩씩한 딸과 함께 누구와도 비교하지 않으며 자신에게 주어진 환경에 만족하고 살아간다.

'부탁해요 캡틴'-한다진(구혜선)

풋내기 조종사이며 매우 긍정적이어서 힘들다고 투덜대지 않는다. 정상이 가까울수록 힘들다고 믿으며 매사에 낙천적인 생각을 하며 지낸다. 중성적인 매력을 가지며 꼴통 소리를 듣는 엉뚱함이 있지만 하고 싶은 일은 하고 마는 근성도 있다. 냉철한 판단력은 떨어지지만 오지랖 넓고 타인에 대한 따뜻한 마음도 있다. 나이 어린 아픈 동생에 대한 지극한 사랑으로 부모를 대신하여 보살피면서도 동생이 상처받지 않도록 불평 한마디 하지 않는 따뜻한 마음의 소유자다. 얼굴에는 항상 미소를 머금고 누구라도 마음 편하게 다가올 수 있는 온화함과 넉넉한 마음을 가지고 있다.

'힘내요, 미스터 김'-김태평(김동완)

가난한 조손가정 출신으로 평소에 더없이 친절하고 넉살 좋은 날개 없는 천사다. 죽은 형의 딸 '희래'를 포함하여 핏줄도 아닌 어려운 네 명의 아이들을 따뜻한 마음으로 키워내는 총각 엄마다. 아파트 입주 청소의 달인으로 살아가며 언제나 밝고 긍정적인 마음을 버리지 않는다. 자신도 힘들면서 자신보다 더 힘든 사람을 보면 언제나 돕고 싶은 마음이 샘솟고 그 마음을 항상 행동으로 옮긴다. 미래에 대한 희망을 버리지 않고 자신과 타인들을 사랑하는 건강하고 따뜻한 젊은이다.

다. 어른 자아(A)

우재현(1989)에 따르면 어른 자아는 생의 초기에 어린아이가 언어능력과 사고능력이 점차적으로 발달하기 시작하면서 그 요소들을 갖추어나간다. 즉, 어린아이가 뜨거운 불에 손을 데어보는 경험을 하고 나서 '불은 뜨거운 것'이라는 정보를 입수하게 되어 또다시 비슷한 상황과 만났을 때 필요한 정보를 꺼내어 상황에 적절한 대처를 하게 되는 것과 같다. 이 자아는 지성, 이성과 깊이 관련되어 있으며, 합리적이고 논리적이며, 현실적인 기능을 한다. 감정과 충동에 사로잡히지 않고 즉흥적이거나 직관적이지 않으며, 객관적이고 중립적인 기능을 한다.

제석봉(2002)은 A는 현재의 상황에 효율적으로 적응하기 위해 P와 C 두 자아 상태에서 오는 정보가 현재의 상황에 적절한지 적절하지 못한지를 판단하며, 자아 상태들 간의 갈등과 긴장을 중재하는 역할을 한다고 하였다. 즉, 특정상황에서 발생하는 P나 C의 반응이 현재에 적절하다고 판단될 때 이를 표현하지만 현재 상황과 적절하지 못하다고 판단되면 이를 표현하기보다는 통제하여 적절한 대안을 찾는 것도 A의 기능이라고 하였다.

가령 집을 나와 학교로 향하던 학생이 '와우! 오늘 날씨 좋은데. 이런 날 학교에 가는 건 날씨에 대한 예의가 아니지'라며 C자아를 발동시키려 할 때 A자아가 작동해 C자아를 통제해주어야 한다. '지금 내가 학교를 가지 않고 놀러 갔다 오면 학생 부장이 나를 부르겠지. 그리고 부모님이 호출되어 오실 테고 나는 벌점을 받게 될 거야. 이번에 벌점이 추가되면 학교봉사 정도는 해야겠지? 에고, 안 되겠네. 놀기에 정말 좋은 날씨지만 오늘은 그냥 참고 학교 가야겠다'라고 A자아를 작동시켜야 한다. 즉, 지금은 C자아가 작동해서는 안 되는 상황이며 학교를 가야만 하는 상황임을 알려주는 역할이 A자아의 기능이라 할 수 있는 것이다.

그러나 현실적이고 논리적인 이 자아가 너무 지나치면 인간미가 결여되고, 기계적이며 차갑고 냉정하다고 평가될 수 있다. 사람들을 대할 때 감정이 결여될 수 있고, 따라서 감정이입과 교감이 되는 깊은 관계보다는 의례와 같은 피상적인 관계가 만들어질 가능성이 크다.

A 에너지양이 많을 때	
이런 건 잘해요	**이런 건 서툴러요**
• 이익이 되는 일만 하기 • 논쟁하고 따지기 • 머리로 이해하기 • 객관적으로 판단하기 • 내 생각과 의견 말하기 • 드라마를 머리로 보고 분석하거나 평가하기 • 차도남, 차도녀 분위기 연출하기 • 모임을 무미건조하게 만들기 • 친한 사람이지만 거절할 건 단호하게 거절하기 • 많이 아는 것처럼 잘난 척하기	• 침착함을 잃어버리기 • 가슴으로 느끼기 • 주관적으로 공감하기 • 내 느낌 말하기 • 인간미 넘치는 드라마 보고 의미 부여하기 • 나의 기쁨에 감정을 넣어 말하기 • 아름다운 장면을 보고 감탄하기 • 연극, 뮤지컬, 공연 등 문화생활 즐기기 • 예능 프로그램 보면서 까르르 웃기 • 분위기를 UP 시키기 • 상대방 의견의 옳고 그름을 판단하지 않고 그대로 수용하기

드라마 속 A 1		
더킹 투하츠	**A 추정 인물**	**은시경(조정석)**
성격적 특징	관우와 조자룡이 현신한 듯 자로 잰 듯 반듯한 육사 출신 엘리트 대위로 자신에게 주어진 일만 말없이 처리하려는 조금은 접근하기 어려운 성격이다. 얼굴에 표정이 없고, 즐거움과 기쁨이 없는 듯 보인다. 하지만 사리분별이 바르고 상황판단이 빠르다. 미래에 대한 예리한 예측이 가능하며, 이성적이다. 잔머리의 대마왕 이재하(이승기)와 자유분방의 결정체 공주 이재신(이윤지)을 만나 혼란을 겪지만 그들을 만난 뒤 차갑고 교감할 줄 몰랐던 그의 마음에 감정이라는 것이 생겨난다. 공주의 매력에 조금씩 빠져들어 가면서도 그 마음을 드러내지 않는다. 다만 자신의 임무에만 충실하고 감정 따위를 허락하려 하지 않는다. 위기의 상황에서도 흔들림이나 마음의 동요 없이 이성적이고 논리적인 판단과 선택을 할 수 있는 성격이다.	
잘 쓰는 말, 어투	• 조만간 어려운 일이 일어날 것입니다. • 가만히 있을 놈들이 아닙니다. • 그건 미신입니다. • 이유를 말씀드리죠. • 움직이시면 안 됩니다(폭탄이 터질 수 있는 위기의 순간, 모두가 당황해 있을 때 차분하게). • 왕자님이라면 더욱 이러시면 안 됩니다. • 저에게 감정 따위는 없습니다. • 사랑은 사치입니다. • 공과 사를 구분할 줄 아셔야죠. • 제가 판단한 바로는……	

<table>
<tr><td colspan="3" align="center">드라마 속 A 2</td></tr>
<tr><td>오작교 형제들</td><td align="center">A 추정 인물</td><td align="center">황태희(주원)</td></tr>
<tr><td>성격적 특징</td><td colspan="2">인물 좋고, 체격도 좋고, 머리도 좋은 엘리트 형사다. 약간은 까칠하고, 단호하고, 빈말도 없고, 말수도 없다. 융통성도 없고 한번 아니면 끝까지 아니다. 징징대고 어리광 피우는 것을 싫어하며 자신의 감정표현에 서투르다. 사랑하는 사람에게조차 사랑표현을 잘 하지 못하며, 감정을 얼굴에 담는 것조차 힘들다. 사람들과의 관계보다 일 처리를 우선으로 여기며, 일할 때 감정을 싣지 않는다. 지나치게 차갑고 냉정하다는 주위의 평가를 받으며, 사랑하는 사람을 만났을 때도 그 감정이 사랑임을 인정하지 않고 자신의 감정을 드러내지 않는다. 형사로서의 일 처리에 있어서도 예리한 판단력과 예측으로 그의 능력을 발휘한다. 가족들 사이에서도 애교는 기대조차 할 수 없으며, 웃음이나 말이 없고, 감정이나 속마음을 드러내지 않아 가족들조차 조금은 그의 존재를 어려워한다.</td></tr>
<tr><td>잘 쓰는 말, 어투</td><td colspan="2">• 난 네가 생각하는 것보다 더 어른이고 남자야.
• 내가 널 놓는 이유는 내가 널 놔야…… 널 사랑할 수 있기 때문이야(이성적 판단).
• 내 생각은 달라.
• 너, 왜 나한테 아저씨라고 해?(이유)
• 도대체 왜 각서를 훔쳤는지 이유를 말해보세요.
• 일해야 하니까(공과 사 구분).
• 지금 나설 때가 아니야.
• 여기서 조용히 잠복한다. 그런 뒤 덮치는 거야(판단).
• 나에게서 감정이라는 것을 찾으려 하지 마.</td></tr>
</table>

<table>
<tr><td colspan="3" align="center">드라마 속 A 3</td></tr>
<tr><td>영광의 재인</td><td align="center">A 추정 인물</td><td align="center">서인철(박성우)</td></tr>
<tr><td>성격적 특징</td><td colspan="2">단정한 스타일이며 표정을 봐서는 그 사람의 감정이나 속마음을 전혀 알 수 없다. 온화한 미소를 머금고 있는 듯하지만 그 미소가 자연스럽거나 따뜻하게 느껴지기보다는 어딘가 모르게 냉정하고 차갑게 보이기도 한다. 비난하거나 비판적인 언어를 사용하지 않는데도 아무도 쉽게 다가와 친해질 수 없는 성격이며, 왠지 어려워 보이는 사람이다. 마음을 전혀 드러내 보이지 않는다. 친형제는 아니라고 하나 몇십 년 동안 함께 산 가족들과도 마음을 나누지 못하고, 가족들은 그의 속마음을 알지 못한다. 게다가 뛰어난 머리에 능력까지 두루 겸비한 완소남이지만 냉정하고 치밀하며 계산적이다. 참을성 있게 인내하고 기다릴 줄 아는 사람이다. 무엇인가 마음에 품은 야심이 있으나 결코 드러내지 않으며 어떠한 경우에도 마음의 동요를 보이지 않는 무서우리만큼 이성적인 존재다. 자신에게 손해가 될 만한 일은 하지 않으며, 이익이 되고 자신에게 도움이 될 만한 사람만 옆에 둔다. 사적인 것에 관심을 가지는 것을 좋아하지 않으며 그냥 공적인 일만 처리하는 관계를 선호하여 아무리 오래 그의 옆에 있어도 그에 대해서 잘 알고 있는 사람은 없다.</td></tr>
<tr><td>잘 쓰는 말, 어투</td><td colspan="2">• 인우야, 나다. 문 열어라(아주 위급한 상황에서 침착한 목소리로).
• 회장님 뜻을 거스르지 마라.
• 나는 그것을 원하지 않습니다.
• 내 의견을 말씀드리죠.
• 이유는 간단하지.
• 제가 판단할 때는 그렇습니다.
• 그건 이유가 안 됩니다.
• 내 생각은 반대입니다.</td></tr>
</table>

📺 '특수사건전담반'-여지훈(주상훈)

'괴물 잡는 괴물'로 불리는 전직 광역수사대 최고의 에이스 형사 출신으로 현역에서 떠나 현재 경찰교육원 교수로 재직 중인 그는 정나미가 떨어질 만큼 냉정하고 칼 같은 성격으로 평가된다. 만사에 이성적이고 논리적이며, 철저하다. 모든 일에 거침없어서 때로는 재수 없다는 평가도 받는다. 일에 있어서 감정이 전혀 개입되지 않는 철두철미한 성격의 소유자다. 끔찍하고 놀라운 사건 앞에서도 감정의 흐트러짐 없이 냉철한 판단을 할 수 있을 만큼 이성적이다.

📺 '부탁해요 캡틴'-김윤성(지진희)

보잉 747기의 최연소 기장이며 이성적이고 논리적인 판단 능력을 지닌 완벽주의자다. 어떤 상황에서도 냉정함을 잃지 않는다. 천부적인 조종 실력을 지니고 있으며 철두철미하고 깐깐하다. 겉모습으로만 보면 찔러도 피 한 방울 흘리지 않을 만큼 냉정해 보이고 차갑다. 독선적이고 타인에 대한 배려나 타협은 없다. 하지만 마음속 깊은 곳에는 여린 마음도 있는 휴머니스트다.

📺 '드라마 제왕'-남운형(권해효)

일찍이 스타 PD로 두각을 나타내며, 작품성과 흥행성을 모두 갖추었다. 작품을 여러 편 낸 경력이 있고, 프로듀서로서도 참신한 기획력으로 승부를 거는 유능한 인물이다. 이성적이고 냉철한 판단과 감성적 내공으로 드라마를 바라보는 시각이 뛰어나다. 조직이라면 자연스럽게 생기는 파벌에는 관심이 없으며, 어느 순간에도 불의와 타협하지 않는 성격의 소유자다. 다른 사람의 성공을 인정할 부분은 인정하면서도 그 방법이 잘못되었다면 바른말을 할 줄 아는 공과 사를 구분할 수 있는 인물이다. 자신의 감정부분을 드러내지 않고 회사에서는 회사의 일만 묵묵히 하는 스타일이다.

비상한 두뇌와 조직에 대한 장악력을 가진 인물이다. 결코 정에 이끌리지 않으며, 공과 사를 구분하여 일을 처리한다. 자신에게 불리하거나 손해가 될 만한 일은 결코 하지 않으며 매사에 이익을 가져올 만한 일만 가려서 한다. 다른 사람들과의 친밀감을 쌓는 것보다 일처리를 위한 관계를 원하기 때문에 마음을 열어 보이지는 않는다.

라. 자유 어린이 자아(FC)–NC(자연스러운 어린이)+LP (교수 어린이–직관)

부모나 양육자의 말이나 행동이 내면화된 P자아와는 달리 C자아는 감정 상태가 내면화된 것이다. C자아 중 자유 어린이 자아(FC)는 부모의 영향을 받기 이전에 발생하는 부분으로 인간이 태어나면서 가지는 생득적인 부분으로 자연스럽고 본능적인 감정을 포함한다. 즉, 타인의 요구나 지시에 따르지 않고, 어릴 때의 모습으로 자유롭게 행동하는 기능으로 사람의 성격 중에서 타고나는 가장 순수한 감정의 한 부분이 자유 어린이 자아이다. 이것은 창조성의 원천이 된다. 도덕적인 가치 판단에 따르지 않고, 주위의 반응도 살피지 않는 이 자아는 지나치게 되면 자기중심적이고 이기적인 면을 지니게 되어 자신의 즐거움과 행복만을 추구하려는 경향을 가지게 된다. 자유분방하여 규칙에 전혀 구애됨이 없이 자기주장을 내세우며 자신이 하고 싶은 것만 추구하기도 한다. 즉, 타인에게도 똑같은 FC가 있다는 것을 염두에 두지 않는다. 따라서 초등학교 저학년의 경우 학교 선생님들이 ADHD(과잉행동장애) 같다고 호소하는 학생들의 경우 FC자아가 높고 A자아가 떨어지는 경우가 많다. 그들은 선생님에 대한 배려 없이 자신들이 하고 싶은 행동을 억제하거나 조절하지 못하고 본능적인 쾌락과 즐거움만을 추구하려 하기 때문이다. 하지만 이 자아의 긍정성은 창조적이고, 독창적이며, 기발하고 자발적이다. 또한 잘 웃고, 유쾌하며 분위기 메이커로서의 역할을 해낼 수 있으며 긍정적이다. 우재현(2002)에 따르면 자유 어린이 자아 속 LP(작은 교수)는 모든 사람의 내부에 존재하는 재치 있는 작은 어린이의 모습을 나타낸다. 훈련받은 적은 없지만 직관력이 뛰어나 친구의 표정을 보면서 그가 지금 어떻게 느끼고 있는가를 알게 될 때 직관적인 LP자아 상태가 작용하고 있는 것이다. 즉, LP(작은 교수)는 어린이 자아 속 어른 자아라고 할 수 있다.

FC 에너지양이 많을 때	
이런 건 잘해요	**이런 건 서툴러요**
• 축 처져 있는 분위기 확 띄우기 • 재미없는 이야기 재미있게 만들기 • 내 감정 있는 대로 표현하기 • 방청객 리액션과 같이 반응하기 • 지치지 않고 놀기 • 농담으로 친구들 약 올리기 • 선생님들한테 ADHD로 오해받기 • 나르시시즘에 빠지기	• 다른 사람 고민 들어주기 • 조용히 앉아서 생각하기 • 학문적인 서적 읽기 • 대통령 후보에 대해 인물 분석하기 • 시사프로 보고 논쟁하기 • 먹기 싫은 음식 친구 위해 먹어주기 • 개그 유행어 따라 하지 않기 • 내 말 속에서 감탄사 빼기

드라마 속 FC 1		
더킹 투하츠	FC 추정 인물	이재하(이승기)
성격적 특징	왕 시킬까 봐 일부러 놀고먹었다는 자칭 IQ 187의 천재 날라리이다. 날마다 놀고먹으며 여자들과 자유로이 연애하고 모든 여자의 선망의 대상이라고 생각하며 양심의 가책 없는 생활을 하고 있다. 힘든 일, 어려운 일은 싫어하고, 신경 쓰고 생각해야 하는 일도 딱 싫어한다. 자유롭고 싶은 영혼이며, 자신이 하고 싶은 일은 다 해야 하는 성격이다. 궁에서의 반복적이고 일상적인 생활을 싫어하며 답답해한다. 틀에 박히고 형식적인 일도 싫어하고, 자율적이고 새로운 일들에 대해 호기심을 가진다. 좋아하는 여자지만 놀려먹고 골탕먹이는 재미로 삶의 기쁨을 느낀다. 잔꾀가 탁월하여 위기상황을 모면하는 능력도 뛰어나며, 자기 멋대로인 듯하지만 사람들에게 즐거움을 주는 유머도 함께 갖춘 나름 매력 있는 캐릭터다.	
잘 쓰는 말, 어투	• 야! 힘 나는걸. 더 힘 나게 좀 웃겨봐. • 내가?…… 왜?…… 싫은데? • 일부다처제 난, 못 견뎌. • 야! 그거 다 연기야. • 나처럼 스타일 좋은 돼지 봤냐? • 장난이지. 넌 장난도 모르냐? • 난 왕족인데 이런 것도 해야 해? • 오늘 라면 특식이랬지? 가자, 먹으러…… • 난 놀고 싶은데. 복잡한 건 딱 싫어. • 재밌잖아. 재미있으면 된 거 아냐? • 내가 좋으면 된 거야. 더 이상 무슨 이유가 필요해?	

애정만만세	드라마 속 FC 2	변주리(변정수)
	FC 추정 인물	
성격적 특징	졸부 엄마 밑에서 반반하게 생긴 얼굴 하나 믿고 자신의 재능 부족은 인정하지 못하고 잘난 척이 하늘을 찌른다. 자신이 하고 싶은 일이라면 무엇이든지 해야 하고 모두가 자기를 위해줘야 한다고 생각한다. 진지하게 생각하고 이성적으로 판단하는 것은 딱 질색이고 그저 먹고, 마시고 특히 자신의 외모를 꾸미는 일에만 정신이 없다. 초음파 진단의인 남편이 늦은 밤 건강을 해치면서까지 돈을 벌어다 주면 자신의 카드빚 갚아나가기 바쁘다. 남편의 어려움은 아랑곳하지 않고, 자신의 만족만을 채우려는 이기심이 하늘을 찌른다. 그러나 가끔 기분이 좋을 때는 남편에게 애교 넘치는 행동을 하며, 명품과 사치품들을 사들이는 데 애교가 비장의 무기가 된다. 그리고 자신의 행동에 대한 도덕적·양심적 판단에 대한 가책도 없고, 그런 것은 생각하기도 싫다. 철없는 자신 때문에 여러 사람이 상처를 입어도 자신만 즐거우면 된다는 이기심을 가지고 있으며, 명품쇼핑에 세상 살아가는 의미를 가진다. '생각 좀 해봐라'는 말을 제일 싫어한다. 복잡한 것은 싫고 생각 없이 되는 대로 살고 싶어 한다. 어려움에 직면하면 문제 해결에 대한 능력과 의지도 없고, 성인임에도 불구하고 모든 것을 엄마가 해결해주기를 바라는 의존성을 보인다. 그러나 마냥 즐겁고 행복해하며 사람들을 유쾌하게 만들어주는 묘한 매력도 함께 지니고 있다.
잘 쓰는 말, 어투	• 쇼핑하러 가자. 엄마, 오늘 세일 많이 한대. • 오빠, 나 옷 사주라. • 역시 명품은 나한테 딱 어울려. • 싫어, 싫어. • 생각하는 건 정말 싫어. • 싫어, 나 하고 싶은 대로 하고 살고 싶어. • 오빠, 나 이렇게 막 옷 사 입어도 사랑하지? • 야! 이 옷 좀 봐. 나한테 너무 잘 어울린다. • 엄마, 엄마, 이것 좀 봐. 너~무 예쁘지 않아? • 저 옷이 나를 향해 손짓을 하고 있어.

샐러리맨 초한지	드라마 속 FC 3	유방(이범수)
	FC 추정 인물	
성격적 특징	밝고 코믹하고 긍정적인 성격의 소유자다. 근심이 생기거나 깊은 사색이 필요할 때 무작정 뛰며 긍정성을 찾으려고 노력한다. 뛰어난 두뇌와 체력, 임기응변의 달인, 또한 분위기를 살릴 줄 아는 유머, 심각함을 우스꽝스럽게 만들 수 있는 그의 낙천적인 성격 때문에 묘한 매력을 발산하며 사람들에게 인기가 많다. 어려운 시간을 보냈지만 항상 표정이 밝고 다른 사람들에게 즐거움의 바이러스를 퍼트리는 성격의 소유자다. 가끔씩 욱하는 성격은 있지만 이 인물의 전반적인 성향은 따뜻하고 다정하면서 재미있고, 밝고, 또한 에너지가 넘친다. 가끔씩은 그의 장난기 있는 말투가 상대방에게 조롱이나 놀림으로 받아들여질 때도 있다. 드라마 내내 그의 코믹하고 재미있는 성격이 보는 사람들로 하여금 웃음을 자아내게 한다. FC의 밝은 에너지를 많이 보여주는 인물이지만 가끔씩은 자신의 생각대로 몰아가는 고집이나 이기적인 면을 보일 때도 있다. 또한 버럭 소리 지르고 화낼 때도 있어 때로는 CP적인 성격을 보이기도 한다.

잘 쓰는 말, 어투	• 천하그룹 모가지 아니 모가비 회장님, 여긴 웬일이래유? • 나는 나지, 그럼 뭐유? • 사는 게 뭐 별건가유? 재미있게 살다 가면 되지. • 까딱 없슈. • 아이고, 왜 이리 웃긴대. • 푸하하, 회장님은 대머리…… • 푸하하, 열일곱 명한테 석 대씩 맞으면 몇 대인지 알아유? • 웃어야지, 그럼 우남유?

 '애정 만만세'-남다름(김유빈)

성격도 외모도 아빠와 붕어빵이며, 홀아비가 된 아빠를 걱정하며 마누라처럼 잔소리를 해댄다. 아빠를 장가보내기 위해 행하는 일들이 귀엽고 천진스럽다. 항상 즐겁고, 경제적으로 어렵게 살아가지만 낙천적인 성격을 잃지 않는다. 아빠를 생각하는 따뜻한 마음도 있고, 행동에 있어서 에너지가 넘치고 유쾌하고 즐겁다. 얼굴엔 언제나 장난기 가득하고 유쾌한 표정이 떠나지 않는다. 또래든 어른들이든 사람들과 어울려 이야기하고, 노는 것을 좋아한다. 명랑 그 자체다.

 '패션왕'-강영걸(유아인)

어떤 도덕적인 규칙이나 질서는 없다. 그저 하고 싶은 대로 해야 하며 틀에 박히지 않은 자유로운 삶을 살아왔고 또 그렇게 살고자 한다. 어떤 경우에도 다른 사람들에 대한 배려보다는 나 자신을 위한 이기적인 삶을 산다. 원리원칙도 없다. 그저 나를 위한, 내가 원하는 것을 얻기 위해서는 다른 사람에 대한 배려 따위는 필요 없다. 이기적이라는 평가를 받지만 상관없다. 자신을 위한 선택이니까. 에너지가 많고 패션계에서 일하는 사람답게 창의성과 독창성을 갖춘 능력 있는 인물이다. 자신이 디자인한 옷이 세계 거물급 디자이너에게 인정을 받을 만큼 그의 기발함과 새로운 아이디어는 뛰어나다.

📺 '내 딸 꽃님이'-허영애(이종남)

졸부의 아내로 욕심 많고, 허영심 많고 신분상승의 욕망이 강하다. 도도하고 잘난 척하지만 실상은 허점 많고 남편에게 아양도 떨며 여우처럼 이리저리 자신의 실속을 다 챙긴다. 하고 싶은 대로 하고 살아가는 FC주도형의 인물이다. 조금은 철없고 현실성이 떨어지며 문제 해결능력도 부족한 어린아이 같은 어른이다. 그러나 매사에 긍정적이며 즐거운 마음으로 살아가 항상 남편에게 야단을 맞아도 스트레스가 축적되지 않는 성격이다.

📺 '애정 만만세'-변동우(이태성)

'오는 여자 반기고, 가는 여자 챙겨주는' 자칭 박애주의적 바람둥이 솔로다. 준수한 외모에 든든한 재력, 만능 스포츠맨에 뛰어난 피아노 실력, 거기다가 세련된 매너와 변호사란 직함까지 겸비한 사람이다. 일보다는 여자를 더 좋아하고, 여자와 즐기고 노는 것을 좋아한다. 돈에 대한 개념도, 성공에 대한 동기도 희박하며 하루하루 즐기고 놀기에 바쁘다. 젊어서 즐기고 놀아야 한다는 철학을 가지고 있다. 변호사라는 직업이 의심스러울 만큼 머리에 아무 생각도 없는 것처럼 보이고 복잡한 것을 싫어하며, 온통 여자 꼬이기와 즐기는 것에만 관심 있어 보인다.

📺 '힘내요 미스터 김'-이우경(왕지혜)

주식회사 힐링푸드 회장 이상국의 딸이자 각종 문제아들과 부딪히는 중학교 열혈 체육 선생님이다. 항상 밝고 명랑하며 긍정적이다. 일곱 살에 엄마가 돌아가시고 따르던 오빠마저 사고로 하반신 마비가 되는 어려움을 겪는다. 가족들에게 상처를 주지 않으려 일부러 더 밝은 모습을 보이려 노력하는 것도 있지만 드라마에서 보여주는 그녀의 전체적인 성격은 밝다. 항상 잘 웃고, 농담도 잘한다. 자신의 의사와 감정을 잘 드러내고 욕구를 숨기거나 억압하지 않는다. 밝고 명랑한 태도와 항상 웃으며 긍정적인 모습에 많은 사람의 마음을 즐겁게 만들어준다. 솔직하고 구김이 없는 자연스러운 긍정성이 그녀의 크나큰 매력이다.

마. 순응 어린이 자아(AC)–CC(고분고분한 어린이)+RC (반항적인 어린이)

순응 어린이 자아(AC)는 부모나 주된 양육자들과의 관계 속에서 생겨나는 감정이나 그에 대한 반응이 내면화되면서 생겨난 자아이다. 부모가 시키는 대로 했을 때 칭찬을 받고, 부모의 뜻을 따르지 않고, 자신이 하고 싶은 대로 했을 때 야단을 맞았던 경험을 가진 아이는 어떤 일을 하려고 할 때 먼저 부모의 눈치를 보게 된다. 내 감정과 내 욕구를 절제하고 억압하며, 부모의 기대에 부응하고자 할 때, 또 칭찬받기 위해 소위 '착한 아이 콤플렉스'에 빠지게 될 때 AC의 기능하에 놓여 있다. 즉, 이 자아는 '엄마가 화낼까 봐', '친구들이 나랑 놀아주지 않을까 봐', '선생님께 칭찬받으려', '친구랑 친해지려고' 등 '~까 봐' 내지 '~려고'에 의해 내 욕구가 아닌 상대방의 욕구대로 움직이려는 자아이다.

이 자아는 협조적이고 순응적이며 타협적인 모습의 긍정성을 보이기도 하지만 지나치면 주위의 기대에 부응하고자 자신의 욕구와 희망을 억압해왔기 때문에 욕구불만이나 열등감이 표출될 수 있으며, 자기 비하적인 모습을 보일 수 있다. 또한 타인에게 의존하게 되고 불안과 우울의 감정 상태에 빠질 수 있다. 어떤 일을 결정함에 있어서 자신 스스로 결단을 내리지 못하고 항상 주위의 눈치를 보며, 소극적인 자세를 취하는 것도 이 자아의 부정적인 모습이기도 하다.

그런가 하면 이 자아는 갑자기 화내거나, 반항하고 발끈하면서 공격하는 행동을 보이기도 하는데 그것은 RC(반항하는 어린이) 자아가 함께 포함되어 있기 때문이다. 자신의 감정을 억압하고 타인의 의지대로 살아감으로써 자기 비하, 열등감을 가지고 Not OK로 살아가기보다 오히려 감정을 드러냄으로써 라켓감정을 청산하는 RC의 표출이 때로는 더 건강할 수 있다.

<table>
<tr><td colspan="2" align="center">AC 에너지양이 많을 때</td></tr>
<tr><td align="center">이런 건 잘해요</td><td align="center">이런 건 서툴러요</td></tr>
<tr><td valign="top">

- 미운 사람한테 인사하기
- 이면 교류하기
- 내 의견 끝까지 숨기기
- 회의에서 결정된 사항에 협조하기
- 현대판 신데렐라 역할하기
- 내가 떡볶이를 원해도 친구가 짬뽕이면 참고 짬뽕 먹기
- 혼자 고독 즐기기

</td><td valign="top">

- 점심 메뉴 1분 만에 정하기
- 내가 원하는 메뉴로 고집 피우기
- 내 의견을 똑바로 제시하기
- 눈치 보지 않고 내 소신대로 행동하기
- 사람들과 어울려 재미있게 놀기
- 여러 사람 앞에서 발표하기
- 호탕하게 껄껄껄 웃기
- 친구들 말을 농담으로 받아들이기

</td></tr>
</table>

<table>
<tr><td colspan="2" align="center">드라마 속 AC 1</td></tr>
<tr><td align="center">불굴의 며느리</td><td align="center">AC 추정 인물</td><td align="center">차혜자(김보연)</td></tr>
<tr><td align="center">성격적 특징</td><td colspan="2">

젊은 시절 남편을 사고로 먼저 보내고 고추보다 더 매운 시집살이를 반평생 하며 살아오고 있지만 만월당 종부의 삶이 자신이 걸어갈 길이라 여기며 마음속 욕망과 바람을 억누르며 산다. '하고 싶은 말이 있어도 시어머니께 말하지 못하고 혼자 참는다. 자신의 감정을 시어머니의 눈치를 보며 억누르고 그 길이 자신의 길이라 받아들이고 살아가는 성격이다. 50이 넘어서야 찾아온 첫사랑의 감정에 설레며, 가슴 벅찬 경험을 하지만 그 감정을 숨기고, 늦은 나이에 그런 감정을 갖는다는 것 자체에 죄책감을 느끼며 끝내는 시어머니의 뜻에 따르리라 결심한다. '사랑'이라는 감정을 억누르며 종부로서의 삶에 기꺼이 자신을 희생하려 한다. '어머니가 슬퍼하실까 봐', '사람들이 손가락질할까 봐', '며느리들에게 웃음거리가 될까 봐', '종부로서의 책임감을 다하려고' 등 일종의 '~까 봐', '~려고'의 병을 앓고 살아간다. 모든 자신의 기쁨, 행복, 설렘을 반납하고 종부로서의 순응적인 삶을 살아가는 전형적인 AC 성향의 인물이다.

</td></tr>
<tr><td align="center">잘 쓰는 말, 어투</td><td colspan="2">

- 아니에요, 어머니
- 괜찮아요, 저는 괜찮아요.
- 어머니 때문에 안 돼요. 어머니 뜻을 거역할 수 없어요.
- 만월당 종부가 사랑은 무슨……
- 제 감정을 인정할 수 없어요.
- 어머니 뜻에 따라야지요.
- 안 돼요. 어머니 아시면 쓰러지세요.
- 어머니 깨실라, 조용히 해.
- 제 감정을 접어야겠어요.
- 만월당의 종부로서 살아갈래요.

</td></tr>
</table>

	드라마 속 AC 2	
애정만만세	AC 추정 인물	강형도(천호진)
성격적 특징	젊고 돈 많은 여자의 일방적인 구혼으로 본의 아니게 전처와 이혼하고 사랑하는 자식을 남겨둔 채 부잣집 사위로 들어가게 되면서 구박받는 처가살이를 시작한다. 돈 없고, 후광 없고, 나이 많고, 거기다가 이혼남이라는 이유로 장모의 천대와 멸시와 구박을 받으며 살아간다. 따라서 항상 장모에 대해 눈치를 보며 기를 펴지 못하고 살아가고 있다. 모든 것이 자신의 잘못이라고 생각하고 자신을 비하하며 살아간다. 자신의 진짜 마음을 억누르고 하고 싶은 말도 하지 못하고 지내며 마음의 병을 지니고 있다. 장모의 칭찬을 받기 위해 애를 쓰지만 돌아오는 것은 장모의 비난과 비판이다. 늘 자존심을 심하게 다치지만 대꾸하지 못하고 그저 잘못했다고만 하면서 살아간다. 명품 사치에 빠져 생각 없이 살아가는 철없는 젊은 부인에게도 강하게 대하지 못하고 그저 속으로 삭이면서 살아가는 인물이다. 모든 것을 혼자 속으로 삭이며 마음의 병을 만들며 살아가다 끝내 지병을 얻게 된다. 그리고 그 모든 것이 못난 자신의 탓이고 업보라 생각하고 참아내려 한다. 다른 사람들에게 '피해를 줄까 봐', '자신의 잘못에 대한 벌을 받으려고' 혼자 인내하려 한다.
잘 쓰는 말, 어투	• 아닙니다, 제 잘못입니다. • 제가 다 못나시 그런 기지요. • 잘못했습니다. • 모든 건 다 내 잘못이야. • 나는 그럴 자격이 없어. • 아닙니다, 괜찮습니다. • 네, 그렇게 하지요. • 저는 상관없습니다. • 당신 뜻대로 해. • 당신이 좋으면 되는 거지 뭐.

	드라마 속 AC 3	
오작교 형제들	AC 추정 인물	황태식(정웅인)
성격적 특징	책임감은 강하나 능력이 없고 항상 우유부단하고 소심하고 결단력이 부족해 항상 고민하고 산다. 잘난 동생들로 인해 어려서 항상 아버지께 비난과 비판 속에서 스트레스를 받으며 억울한 감정을 숨기고 살아왔다. 아버지께 잘 보이고 인정받기 위해서 무엇인가를 열심히 하려고 하지만 돌아오는 것은 실수와 실패뿐이다. 성인이 되어서까지 아버지께 동생들과의 비교를 당하며 장남으로서 제 역할을 다하지 못한다는 열등감을 가지고 살아간다. 평소에 부모님 뜻을 거역하는 일이 거의 없는 착한 아들이고, 동생들에게 양보하는 착한 형이지만 정작 자기 자신은 단 한 번도 자신을 위해 즐겁고 행복하게 살았다고 생각하지 않는다. 늘 하고 싶은 말을 하지 못하고, 의견을 주장하지도 못하지만 가끔 술의 힘을 빌려 RC(저항하는 어린이 자아)를 발동시켜 아버지에게 대들거나 화내는 모습을 보이기도 한다. 그리고 술이 깨면 그 행동에 대해 걱정하고 아버지 눈치를 살핀다.

잘 쓰는 말, 어투	• 아버지가, 언제 저한테 칭찬 한번 해준 적 있으세요? • 나도 잘하고 싶다구요. • 왜…… 저한테만 이러세요? • 내가 뭘 잘못했다고. • 아…… 아버지…… • 내가 큰형으로서 뭘 할 수 있냐? • 다 내 무능력 때문이다. • 내가 원래 이렇지 뭐. • 나…… 이제 죽으려고. • 내가 살아 뭐하겠어?

 '넝쿨째 굴러온 당신'–엄청애(윤여정)

30년 전 아들을 시장에서 잃어버리면서부터 남편과 시어머니 앞에서 자신의 감정과 의견을 말하지 못하고 혼자 눈치 보며 소심함으로 살아가는 성격이다. 아들을 잃어버린 것이 자신의 잘못이라고 생각하며 늘 죄책감에 사로잡혀 즐거움과는 거리가 멀어야 한다고 생각하며 아들 찾는 일에만 매달린다. 죄책감으로 하고 싶은 말이 있어도 시어머니 눈치를 보며 딸 생일잔치조차 마음대로 열어주지 못한다. 행여나 시어머니의 심기를 상하게 할까 몰래 숨어서 딸의 생일상을 열어줄 정도로 자신 마음대로 하는 것이 별로 없다.

 '드라마 제왕'–배광수(박규선)

최고의 한류 스타 강현민(최시원)의 로드 매니저로서 머리에 든 것 없이 겉멋만 잔뜩 든 강현민을 대신해 대본을 봐줄 정도로 드라마 보는 눈이 있다. 그러나 기가 세고 자기 멋대로인 한류 스타 강현민의 매니저로서 하고 싶은 말을 다 하지 못하고 불만이 있어도 꾹 참고 지낸다. 마음속으로는 하고 싶은 말이 많고, 불만도 많지만 '매니저로서 잘릴까 봐' 그리고 '화낼까 봐' 뭐라고 말도 못한다. 그저 비위 맞춰주며 그가 원하는 대로 해주지만 늘 돌아오는 것은 비난과 욕이다. 뒤에서 혼자서 구시렁구시렁 대지만 정작 앞에서는 할 말을 못한다.

📺 '영광의 재인'-서인우

성공과 완벽을 추구하며, 아들이 성공하지 못하는 모습을 보일 때마다, 완벽하지 못한 모습을 보일 때마다 온갖 비난과 저주, 모욕과 경멸을 퍼붓는 아버지에게 서인우는 자신의 의견을 말하지 못한다. 아버지 회사를 물려받는 것보다 야구에 대한 욕구가 훨씬 강한 서인우지만 불같이 화를 내는 아버지 앞에서 당당하게 의견을 말하지 못하고 몰래몰래 야구를 한다. 권위와 독재와 강압 그리고 조금은 폭군 같은 아버지 앞에서 언제나 눈치 보고 자신의 욕망을 눌러야 하기에 심리적으로 많이 힘들고 열등감을 가지고 있다. 하지만 그 사실을 숨기기 위해 다른 사람들 앞에서는 애써 강한 척, 자신의 아버지처럼 다른 사람들에게 상처 주는 말도 한다. 하지만 아버지 앞에서만큼은 언제나 숨고 싶고, 회피하고 싶고, 폐쇄적이고 싶은 마음이 가득하다.

📺 '내 딸 서영이'-이삼재(천호진)

사람 좋아하고 넘치게 정이 많아 사건사고에 잘 휘말리는 성격 때문에 늘 가족을 힘들게 한다. 결국 IMF 때 회사 부도를 계기로 작은 건설자재 하청업체 과장으로의 직업생활을 끝내면서 소박했던 인생이 꼬이기 시작했다. 제대로 된 부모만 만났으면 대한민국 최고로 살아갈 딸아이가 자기처럼 못난 아버지를 만나 고생하는 게 미안해 뒤늦게 죄인 심정으로 살아간다. 가족을 버리고 진실을 속인 채 신분상승한 딸아이의 행복을 위해 아비로서의 삶을 포기하고 남처럼 살아간다. 딸아이가 불행해질까 봐, 딸아이가 자신을 용서하지 못할까 봐, 다른 사람들이 진실을 알게 될까 봐 철저히 자신의 것을 포기하고 산다. 자신에게 찾아온 직업의 기회도 자식을 위해 포기한다. 자신의 욕구, 감정, 행복을 오로지 자식을 위해 포기하고 죄인처럼 숨어 지낸다.

3. 다섯 가지 자아의 구조와 기능 한눈에 보기

가. 어버이 자아(P)=비판적 어버이 자아(CP)+양육적
  어버이 자아(NP)

〈장점〉	〈단점〉	〈장점〉	〈단점〉
책임감 있다.	비난적이다.	양육적이다.	간섭이 많다.
계획적이다.	권위적이다.	배려적이다.	잔소리 많다.
통제력 있다.	비판적이다.	친절하다.	과잉보호한다.
절제력 있다.	처벌적이다.	따뜻하다.	숨 막히게 한다.
양심적이다.	징벌적이다.	온화하다.	오지랖 넓다.
깔끔하다.	지시적이다.	부드럽다.	

나. 어른 자아(A): 기능적으로 나누어지지 않는다

〈장점〉
이성적이다.
객관적이다.
논리적이다.
중립적이다.

〈단점〉
차갑다.
냉정하다.
이해타산적이다.
인간미 없다.

다. 어린이 자아(C)=자유 어린이 자아(FC)+순응 어린이 자아(AC)

〈장점〉	〈단점〉	〈장점〉	〈단점〉
즐겁다.	이기적이다.	착하다.	눈치 본다.
유머러스하다.	충동적이다.	협조적이다.	우유부단하다.
낙천적이다.	규율이 없다.	타협적이다.	의기소침하다.
긍정적이다.	쾌락적이다.	순응적이다.	의존적이다.
자발적이다.	본능적이다.		회피한다.
적극적이다.	즉흥적이다.		

4. 자아들의 바라보기

가. 각 자아의 CP 바라보기

1) CP가 CP를 바라볼 때

박력 있고, 적극적이며, 추진력 있어 보인다. 책임감도 강하고, 법 없이도 잘살 수 있고, 공정성이 있는 멋진 사람이다. 위계질서를 지킬 줄 아는 근본 있고, 기본이 된 사람들이다. 그러나 때로는 높은 기대치를 낮추고 편하게 세상을 바라보며 여유를 즐기고 싶을 때도 있다. 또한 흉내 낼 수도 없는 온화한 미소를 머금고 너그럽고 싶을 때도 있다.

2) NP가 CP를 바라볼 때

상당히 비인간적이고, 때로는 폭군처럼 느껴진다. CP 때문에 마음에 상처를 많이 받는다. 항상 화난 사람처럼 보인다. 싸우자고 덤비는 사람들 같다. 하지만 때로는 그들의 카리스마가 부럽기도 하다.

3) A가 CP를 바라볼 때

일을 처리하는 데 맹목적이고 몰아세우기만 할 뿐 합리적이지 못한 사람들이다. 정보도 없는 사람들이 편견과 선입견만 가지고 있다. 고정관념으로 가득 찬 사람들이다. 그러나 추진력과 리더십은 조금 있어 보여 본받을 만하다.

4) FC가 CP를 바라볼 때

상당히 일방적이고 강압적으로 보인다. 적극적인 면은 자신들과 비슷하지만 재미가 없고, 유머라고는 눈을 씻고 찾아보려고 해도 찾아볼 수 없는 사람들이다. 일중독에 빠진 사람들처럼 보이고, 삶의 여유와 즐거움을 누리지 못하는 불쌍한 사람들이다. 하지만 때로는 일에 빠진 그들의 모습이 멋있어 보이기도 한다.

5) AC가 CP를 바라볼 때

마주보고 있기만 해도 무서운 폭군처럼 느껴진다. 그들의 센 기에 주눅이 들 것 같다. 이 사람들과 마주치지 않는 것이 상책이라 느낀다. 결코 어울리고 싶지 않는 사람들이다. 표정만 봐도 무섭다. 그러나 때로는 그들의 추진력이나 박력, 자신감 있는 걸음걸이나 당당함이 부럽다.

나. 각 자아의 NP 바라보기

1) CP가 NP를 바라볼 때

정에 이끌려가는 사람들이다. 원칙도 없고 쓸데없는 감정에 사로잡혀 사는 사람들이다. 도덕적 가치판단이나 양심의 척도 없이 정에 이끌려 일을 그르치는 사람들이다. 함께 일하기에는 너무도 답답한 사람들이다. 쓸데없이 눈물만 많다. 그러나 때로는 흉내 낼 수 없는 그들의 온화한 미소를 한번 따라 해보고 싶다.

2) NP가 NP를 바라볼 때

따뜻하고 친절한 사람들이다. 사람 냄새가 물씬 풍기는 인간미 넘치는 사람들이다. 자신들만 있으면 아름다운 세상이 될 것 같다. 그러나 때로는 이 지긋지긋한 정을 떼어버리고 사람들의 부탁을 거절해보고 싶다. 사람들로부터 벗어나 혼자 있으면서 나 자신을 돌보고 싶을 때가 있다.

3) A가 NP를 바라볼 때

정에 이끌려 공과 사도 구분하지 못한다. 감정에 사로잡혀 판단력도 흐리고, 자기 것을 챙기지 못하는 실속 없는 사람들이다. 미련스럽게 남에게 속기나 하는 어리석은 인간들이다. 논리성도 갖추지 못하고 말만 많은 사람들이다. 자신들에게 이득이 되지 않는 일인데도 다른 사람들의 부탁을 거절하지 못하는 것이 신기할 뿐이다. 하지만 때로는 이들에게서 풍겨져 나오는 인간미가 부러울 때가 있다.

4) FC가 NP를 바라볼 때

답답하고 때로는 간섭이 많은 사람들이다. 오지랖도 넓고 잔소리도 많다. 자기들 일이나 잘하지 아무데나 끼어들어서 분위기를 망친다. 하지만 가끔씩 대책 없이 저질러놓은 일을 수습해주고 다독거려주는 그들이 필요할 때가 있다.

5) AC가 NP를 바라볼 때

따뜻하고 정이 많은 사람들이다. 자신들에게 상처를 주지는 않는 믿고 이야기 나눌 수 있는 유일한 사람들이다. 그러나 때로는 그들의 지나친 배려 때문에 의존성만 키우게 되어 어려운 일이 생겼을 때 그들의 도움을 바라게 된다.

다. 각 자아의 A 바라보기

1) CP가 A를 바라볼 때

까다로운 사람들이다. 따지기만 좋아하고 박력이 부족하다. 일에 대한 추진력은 부족하면서 그럴듯하게 말만 늘어놓는다. 하지만 가끔은 기승전결을 갖춘 그들의 논리나 정보력이 부러울 때가 있다. 또한 감정의 흐트러짐이 없이 이성적으로 말하는 그들이 대단해 보일 때가 있다.

2) NP가 A를 바라볼 때

차갑고 어려운 사람들이다. 자신의 이익만을 챙기는 인간적이지 못하고 이기적인 사람들이다. 마음을 내보이지 않는 결코 친해질 수 없는 사람들이다. 정서가 메마른 사람들이다. 그러나 때로는 그들처럼 공과 사를 정확하게 구분하여 일처리를 하고 싶고, 정에 이끌리지 않고 상대방의 부탁을 거절할 수 있는 용기가 부럽다.

3) A가 A를 바라볼 때

객관적이고 논리성이 있다. 어떤 일을 처리하더라도 합리적이고 깔끔하다. 공과 사를 정확하게 구분할 수 있는 군더더기 없는 매끈한 사람들이다. 그러나 가끔은 무미건조한 삶으로부터 탈피하여 아름다움을 느껴보고 싶을 때가 있다. 감정이라는 것을 가지고 사람들과 '따뜻한 만남'이라는 것을 경험해보고 싶을 때도 있다.

4) FC가 A를 바라볼 때

융통성이라고는 찾아볼 수 없는 사람들이다. 까다롭고 무미건조한 사람들이다. 감정이라고는 하나도 없는 로봇 같은 사람들이다. 예능이나 코믹 프로그램에서조차 시사점을 찾고 평론을 하려고 덤벼드는 대책 없는 사람들이다. 하지만 가끔은 충동적이지 않고 즉흥적이지 않으며 계획적으로 움직이는 그들의 행동이 신기해 보이기는 한다. 그들의 차분함이 부럽다.

5) AC가 A를 바라볼 때

냉정하다. 감정에 치우치지 않고 일을 정확하게 처리하는 것이 차갑게 보인다. 그러나 때로는 자신들에게 이익이 되는 일만 선택하는 그들의 결정이 부럽다. 이성적으로 판단하고 예측하는 그들의 능력이 부럽다.

라. 각 자아의 FC 바라보기

1) CP가 FC를 바라볼 때

천방지축 제멋대로 행동한다. 유아스럽고 고집만
세다. 문제 해결능력도 없이 그저 놀기만 하려 한다.
행동에 대한 책임감도 없고, 도덕적이지도 못하며 양
심의 가책도 없다. 하지만 때로는 그들의 유머감각이
부럽기도 하다. 그들의 천진스러움과 융통성이 부럽다.

2) NP가 FC를 바라볼 때

철없는 애 같다. 보호해줘야 할 것 같고 제멋대로 노는 것이 위험해 보인다. 다
른 사람에 대한 배려는 없이 하고 싶은 일을 충동적으로 하며, 그들의 즉흥성 때문
에 무슨 일 저지를 것 같은 위험천만한 사람들이다. 하지만 그들과 함께 어울려 노
는 것은 즐겁고 재미있다.

3) A가 FC를 바라볼 때

생각도 없이 막 산다. 즉흥적이고 계획적이지 못하다. 머리에 든 게 없어 보인
다. 충동적이고 본능적이며 허세가 강한 사람들이다. 책임감도 없는 사람들이다.
하지만 그들의 행동력이나 적극성 그리고 자발성은 본받고 싶은 부분이기도 하다.
그들이 가지고 있는 창의성과 독창성, 그리고 기발함은 사실 부럽다.

4) FC가 FC를 바라볼 때

명랑하고 함께 있기만 해도 즐거운 사람들이다. 다른 사람들과는 뭔가 다르고, 차
별화가 된다. 그들의 창의성과 독창성을 따라올 사람은 없다. 감정도 풍부하다. 하
지만 가끔은 너무 생각 없이 막 사는 것 같아 후회스러운 시간이 있기도 하다. 충동
적이고 즉흥적인 성격을 버리고, 다른 사람을 배려해 '이기적'이라는 평가에서 벗어

나고 싶을 때가 있다. 그리고 생각이라는 것을 하면서 행동하고 싶다.

5) AC가 FC를 바라볼 때

자기 혼자만 즐기는 이기적인 사람들이다. 다른 사람들의 의견을 들어주거나 협조하지 않는다. 고집불통이다. 막무가내다. 하지만 때로는 그들처럼 호탕하게 웃으며 감정을 표현해보고 싶다. 밝고 긍정적이며 자신감 있는 그들의 성격과 다른 사람을 고려하지 않고 내 것을 주장하는 그들이 부럽다.

마. 각 자아의 AC 바라보기

1) CP가 AC를 바라볼 때

나약하기 그지없고, 우유부단하다. 화끈하고 소신 있게 말하지 못하고 눈치만 본다. 지나치게 의존적이고, 질질 끌려 다닌다. 그러나 가끔은 그들처럼 협조적이고 순응하며 착한 사람이라는 평가를 받아보는 것도 나쁘지 않을 것 같다.

2) NP가 AC를 바라볼 때

말 잘 듣는다. 착실하고 성실하다. 자기 것을 고집하지 않고 양보할 줄 아는 사람들이다. 말 잘 듣고 착한 사람들이다. 그러나 AC들과 함께 있거나 일을 할 때는 어떤 것을 결정 내리고 결단하는 데 어려움이 있을 것 같다. 자신들과 비슷한 부분이 많은 것 같지만 이들의 표정은 자신들과 달리 좀 어두워 보인다. 그래서 보호해 주고 싶은 사람들이다. 끝까지 책임지고 도와주어야 할 사람들 같다. 누군가의 도움이 없이는 스스로 잘해낼 것 같지 않은 사람들이다.

3) A가 AC를 바라볼 때

지나치게 의존적이다. 소극적이고 가끔 폐쇄적이기까지 하다. 줏대가 없이 질질 끌려 다니는 것이 깔끔하지 못하고 궁상맞아 보인다. 자신들이 늘 손해 보고 희생하려고 하는 '착한 사람 콤플렉스'에 빠져 살아가는 것이 이성적으로 논리적으로 생각해봐도 이해가 되지 않는다. 그러나 때로는 자신의 의견과 주장을 양보하고 희생할 수 있는 그들의 마음을 탐구해보고 싶을 때가 있다.

4) FC가 AC를 바라볼 때

적극성이라고는 찾아볼 수 없는 답답한 사람들이다. 함께 있으면 숨 막힐 것 같다. 좋은지 싫은지 알 수가 없고 주체성이 부족하다. 그냥 묻혀가려는 것이 싫다. 자신의 속마음을 이야기하지 못하고 두고두고 가슴에 새기고 살아가는 뒤끝 있는 사람들이다. 좋아하지도 않는 일인데 그냥 따라 하는 그들이 신기하다. 하지만 주장하거나 고집 피우지 않고 잘 따라주는 것을 보면 착하기는 한 사람들이다. 그들의 순응과 협조적인 부분은 배워야 할 필요가 있을 것 같다.

5) AC가 AC를 바라볼 때

정말 협조적이다. 어떤 일에나 자기를 희생할 줄 아는 따뜻한 사람들이다. 다른 사람들이 하고 싶은 일을 할 수 있도록 순응하는 자상한 사람들이다. 바보스러울 만큼 착하고 순한 사람들이다. 그러나 때로는 다른 사람에 대한 배려 없이 자기 마음대로 하는 천방지축 FC나 위엄 있고 당당한 CP 그리고 이해타산을 이성적 · 논리적으로 잘 따지는 A의 행동들을 하나씩 닮고 싶을 때가 있다. 내 욕구와 내 감정을 소중히 하고 싶을 때가 있다.

바. CP, NP, A, FC, AC 자아가 높은 사람들의 공감 백배 속담

- ▣ 강한 자가 이기는 것이 아니라 이기는 자가 강한 것이다.
- ▣ 스스로 돌아봐서 잘못이 없다면 천만인이 가로막아도 나는 가리라.
- ▣ 눈에는 눈, 이에는 이
- ▣ 바쁜 꿀벌은 슬퍼할 겨를이 없다.

- ▣ 백지장도 맞들면 낫다.
- ▣ 과부가 홀아비 설거지해주러 갔다가 애까지 낳는다.
- ▣ 웃는 얼굴에 침 못 뱉는다.
- ▣ 기쁨은 나누면 배가 되고 슬픔은 나누면 반이 된다.

- ▣ 아는 것이 힘이다.
- ▣ 인간은 생각하는 것이 적을수록 많이 지껄인다.
- ▣ 인간은 생각하는 갈대다.
- ▣ 나는 생각한다. 고로 나는 존재한다.

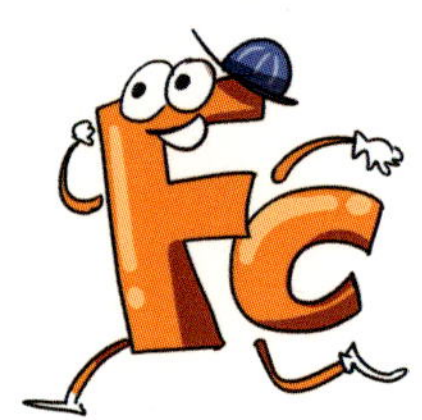

- ▣ 노세, 노세, 젊어서 놀아!
- ▣ 갓 사러 갔다가 망건 산다.
- ▣ 똥인지 된장인지 먹어봐야 아나?(척 보면 안다-직관)
- ▣ 근심하지 마라. 근심은 인생을 그늘지게 하리라.

- ▣ 물에 술 탄 듯, 술에 물 탄 듯
- ▣ 참는 것이 이기는 것
- ▣ 최대 다수의 최대 행복
- ▣ 왼쪽 뺨을 때리면 오른쪽 뺨을 내밀어라.

5. 다섯 가지 자아에 대한 대처 방법

다섯 가지 자아에 대한 성격적·행동적·언어적 특징을 살펴보았다. 어떤 자아가 우세하냐에 따라 각기 다른 성향을 나타내게 될 것이다. 성향을 제대로 파악한다면 대인관계 속에서 원만한 관계를 형성하는 데 많은 도움이 될 것이다. 어떤 문제를 해결하고자 할 때 상대방의 성향에 따라 다르게 행동하고 말한다는 것은 그 사람에 대한 배려이면서 문제를 훨씬 더 쉽고 자연스럽게 해결할 수 있는 열쇠가 될 수 있기 때문이다. 다음의 상황을 보면서 각기 다른 자아 상태에 있는 사람에 대해 어떻게 반응하는 것이 현명할 것인가에 대해 생각해보자.

〈상황 1〉

어제 무단결식을 하고 학교로 나왔다. 예상했던 대로 담임선생님의 호출이 있었고 교무실로 불려가게 되었다. 담임선생님께 가서 어떻게 행동하는 것이 좋을까? 또 어떻게 말하는 것이 좋을까? 화가 많이 나신 선생님의 화를 더 부추기지 않으려면 신중하게 행동하고 말하는 것이 필요하다. 이런 경우 선생님의 성향을 잘 알고 있다면 어떻게 행동하고 말해야 하는지 쉽게 생각할 수 있을 것이다. 성향별 선생님에 대한 대처 방법을 살펴보면 다음과 같다.

1) CP 또는 FC 성향의 선생님일 경우

쓸데없는 변명을 늘어놓지 않고 잘못을 시원하게 인정한다. 결석한 이유에 대해 결론 위주로 간략하게 설명한다. 화가 나신 선생님께 대들거나 함께 언성을 높이게 되면 대략 난감한 상황에 빠질 수 있다. 특히 CP 성향의 선생님의 경우 기본도 안 된 인간이라 생각하며 자신에 대한 도전이라고 생각하기 때문에 상황은 더욱 나빠질 것이다. 최대한 공손한 자세로 학생다운 겸손함을 유지하며 잘못을 받아들이고 내려지는 처벌에 대해 받아들이는 것이 효과적이다.

2) A 성향의 선생님일 경우

육하원칙에 의해 결석한 이유를 일목요연하게 설명한다. 구차한 변명이나 선생님의 감정에 호소하여 동정심을 불러일으키고자 하는 일은 시간만 낭비할 뿐이다. 결석한 이유에 대해 객관적이고 타당한 이유가 있다면 별 문제는 없을 것이며, 이를 증명할 수 있는 처방전 내지 진단서 같은 근거 자료를 제시할 수 있으면 좋다. 별다른 이유 없이 결석을 했다면 그 나름대로 결석할 수밖에 없었던 이유를 논리적이고 합리적으로 설명해야 한다.

3) NP 또는 AC 성향의 선생님일 경우

감정에 호소하는 일 없이 바로 결론을 말하거나 증빙자료를 제시하면 '정말 기본이 안 된 인간'이라고 생각하고 마음의 상처를 받을 수 있다. 최대한 죄송한 마음과 표정으로 서론부터 자세히 설명해야 한다. 애교를 섞어 접근하는 것도 효과적이다. 정말 크게 잘못한 것을 뉘우치고, 반성하는 듯한 자세로 눈물을 약간 보이며 선생님의 감성을 자극해 동정심을 유발하는 것도 방법일 수 있다. 일 처리보다 관계적인 측면을 중시하는 성향이므로 그에 따라 적절한 반응을 준비한다.

〈상황 2〉

교실에 30여 명의 학생들이 있다. 각기 다른 색깔의 학생들을 일률적인 방법으로 대한다는 것은 학급경영에 어려움을 가져올 수 있다. 학생들에 대한 성향을 잘 파악하고, 성향을 고려해 대한다면 많은 학생으로 하여금 존중받고 있다는 느낌을 줄 수 있을 것이다. 또한 학생들과의 원만한 관계 형성이 가능할 수 있을 것이다. 성향별 학생에 대한 대처 및 지도방법을 살펴보면 다음과 같다.

1) CP 또는 FC 성향의 학생일 경우

일을 맡길 때는 믿고 맡겨야 한다. 자꾸 확인하고 어떻게 하라고 지시하면 싫어한다. 명령하고 지시하며 이들을 통제하려 하는 것은 이 성향의 학생들과의 관계를 힘들게 할 수 있다. 그저 옆에서 칭찬과 격려를 해주고 '잘한다', '너밖에 없다'고 인정해주면 이 학생들은 소신과 책임감을 가지고 더 인정받기 위해 노력한다. 과제를 부여할 때는 조금 어렵고, 목표를 달성했을 때 성취감을 느낄 수 있는 일, 즉 한계를 돌파할 수 있는 일을 부여하는 것이 효과적이다. 특히 CP학생의 경우는 책임감 부분을, FC학생의 경우는 독창성과 기발함을 칭찬해주면 이들의 성취 수준을 더 높여줄 수 있을 것이다. 두 성향 모두 학급 반장이나 대표를 시키면 담임의 오른팔 역할을 잘 수행하며 리드해나갈 수 있는 학생들이다. FC는 특히 오락부장 같은 역할을 누구보다 잘 수행해나갈 수 있는 성향의 학생이다.

2) A 성향의 학생일 경우

어떤 일을 부여할 때 그 일을 왜 해야 하는지 논리적으로 납득시켜야 한다. 그리고 그 일을 하게 된 자세한 배경도 함께 설명해주면 좋다. 그 일을 해냈을 때 자신이 얻게 될 이득(결과물, 내면적 강화물)에 대해 설명해주면 효과적일 수 있다. 외적인 강화물보다는 내적인 강화물이 더 효과적이다. 과제를 부여할 때는 어떤 일을 기획하고 분석할 수 있는 일을 좋아한다. 매뉴얼대로 따라 하는 것이 아니라 매뉴얼을 만들어나가거나 매뉴얼을 연구하면서 과제를 수행하는 것을 선호한다. 가끔씩 이들의 잘난 척, 아는 척을 무시하기보다 인정해주면 이 성향의 학생들과의 관계 형성에 도움이 될 수 있을 것이다

3) NP 또는 AC 성향의 학생일 경우

항상 관심을 가지고 따뜻하게 대해준다. 온화한 미소와 함께 이름 한번 불러주는 것만으로도 이 학생들에게는 힘이 된다. 선생님이 자신들에게 일을 부여했다는 것만으로도 기뻐할 수 있는 학생들이다. 늘 지켜보고 있다는 것을 보여주면 이들은 선생님과의 더 좋은 관계 유지를 위해 노력한다. 과제를 부여할 때에는 일 중심보다는 인간 중심으로, 개별 과제보다는 집단 과제가 더 잘 어울리는 성향이다. 함께하는 것에 대한 배려가 있는 학생들이므로 모둠별 과제부여가 효과적이다. 이들의 성취 수준을 높이는 것은 지시나 명령이 아니라 거절하지 못하는 부탁이다. 행동적인 면이나 추진력이 부족할 수 있으므로 중간 점검을 해가며, 칭찬과 격려를 아끼지 않는다면 이들의 성취 수준은 높아질 수 있을 것이다.

예시를 보면서 자신의 자아 크기를 그려봅시다. 다섯 가지 자아의 특성을 잘 살펴보고 내 마음속에서 기능하고 있는 자아의 크기만큼 그려봅시다. 그 자아를 특징짓는 내 행동이나 언어의 특징이 있다면 그것을 그려 넣어도 좋습니다.

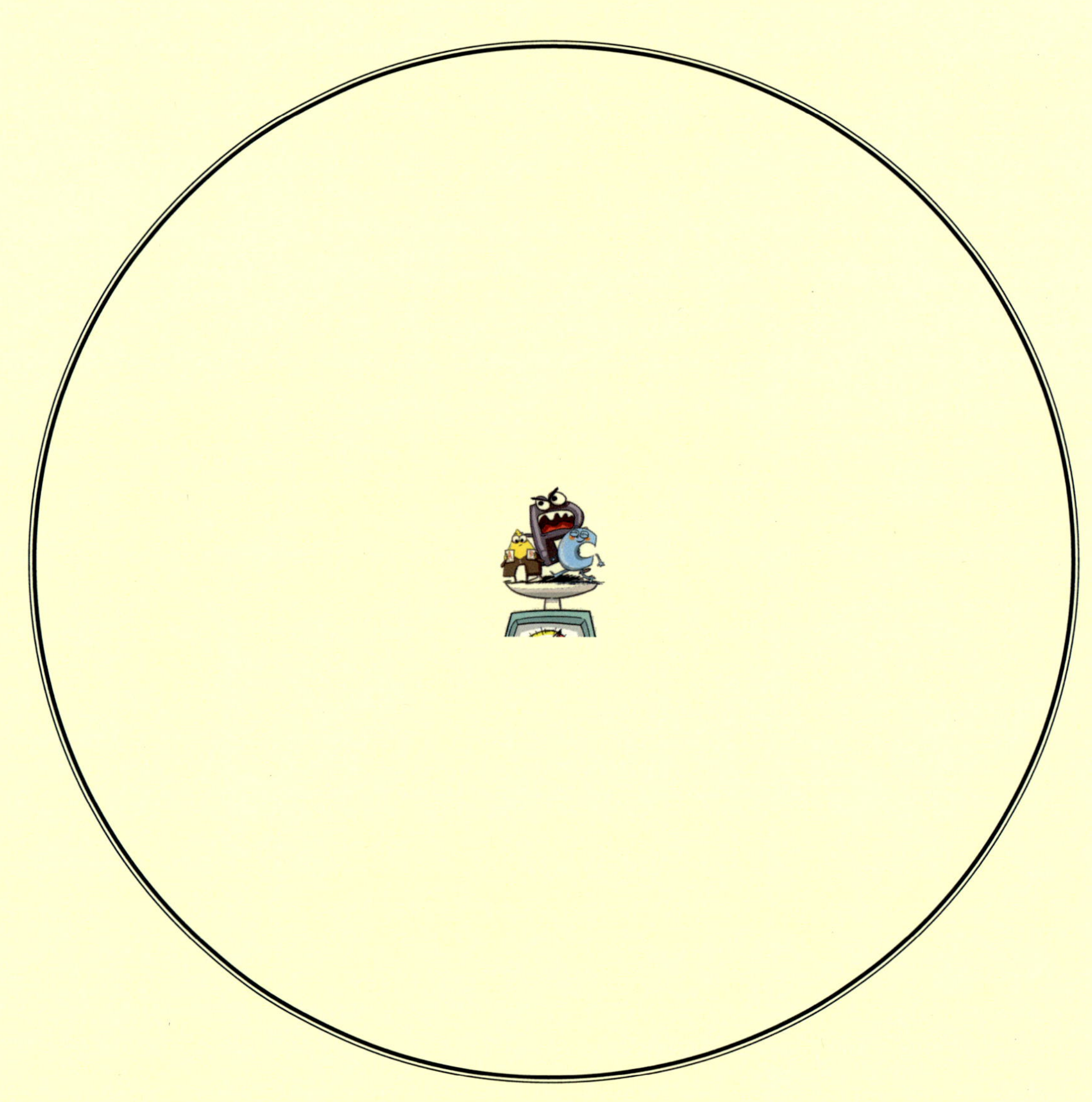

다섯 가지 자아의 에너지양을 파이로 표시한 예시입니다. 어떤 자아들이 어떻게 내 성격으로 작용하고 있는지 탐색해봅시다.

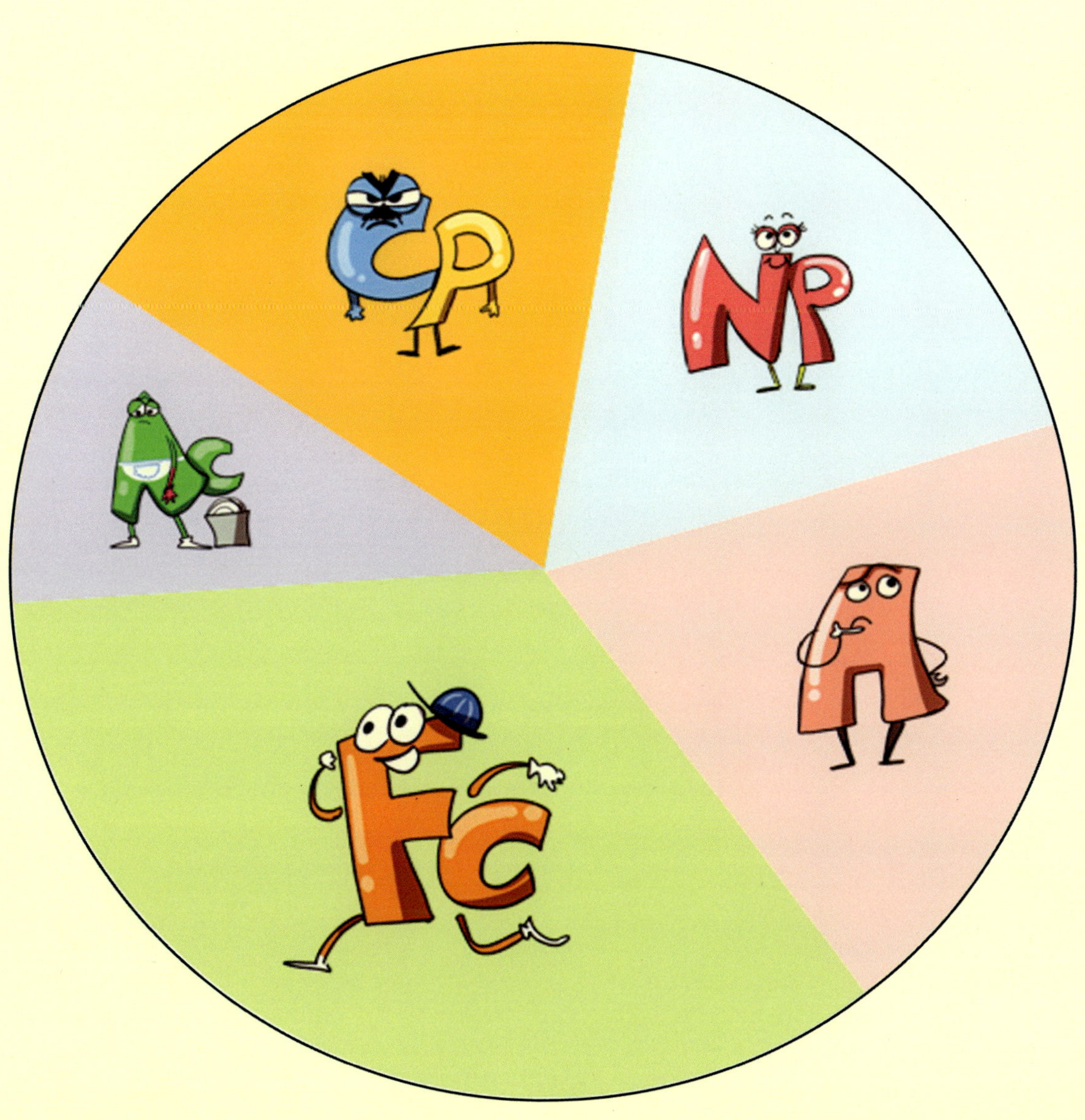

예시를 보면서 자신의 자아 크기를 그려봅시다. 다섯 가지 자아의 특성을 잘 살펴보고 내 마음속에서 기능하고 있는 자아의 크기만큼 그려봅시다. 각 자아의 점수 최대치는 50점 입니다.

점수	CP	NP	A	FC	AC
50					
40					
30					
20					
10					

점수에 대한 의미 찾기

1. 가장 높은 자아 상태와 관련된 나의 행동 

2. 가장 낮은 자아 상태와 관련된 나의 행동 

다섯 가지 자아의 에너지양을 막대그래프로 표시한 예시입니다. 어떤 자아들이 어떻게 내 성격으로 작용하고 있는지 탐색해봅시다.

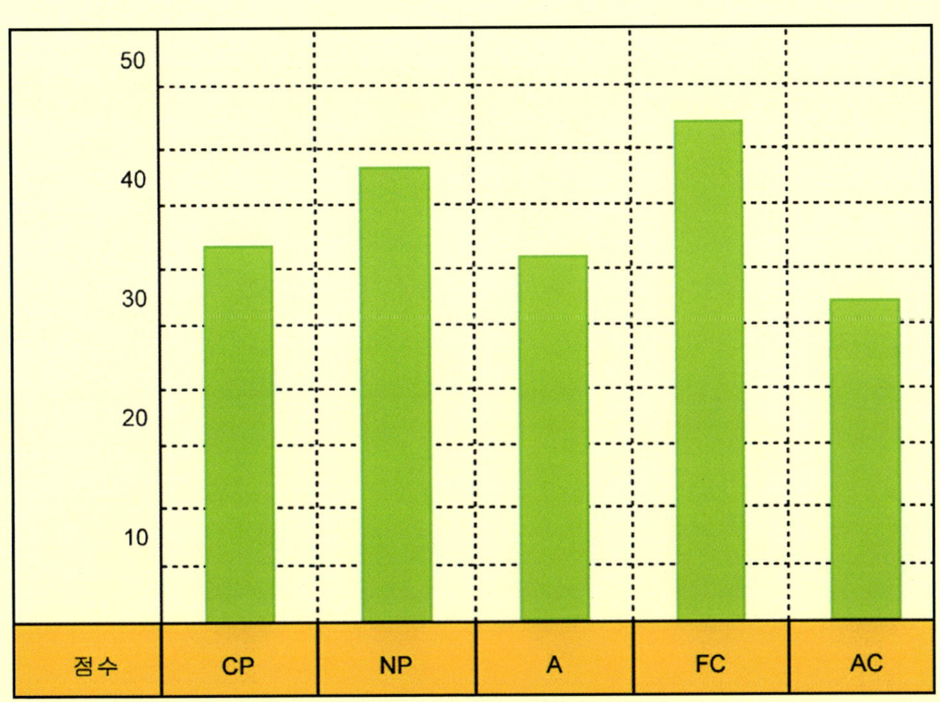

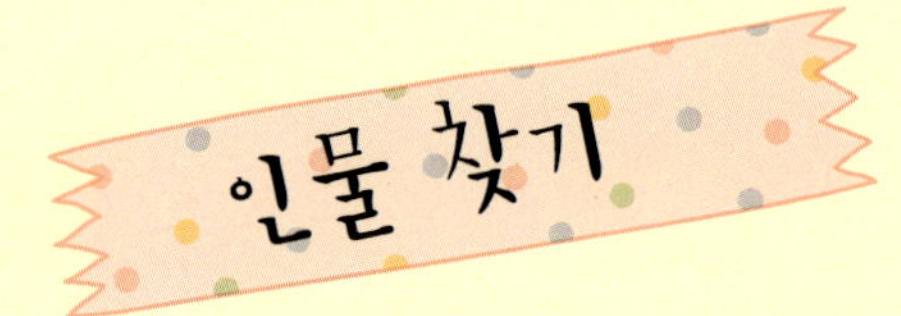

🖍️ 내 주변에서 또는 드라마에서 각각의 자아 상태에 있다고 판단되는 사람들을 적어봅시다. 그리고 그들의 행동적 특성이나 언어적 특성을 살펴보세요.

자아 상태	추정 인물	언어적 특징	행동적 특징

지금까지 상대방과 교류하면서 주고받았던 행동과 언어를 생각해보면서 어떤 자아에서 비롯된 것인지 기록해봅시다.

준 것	받은 것

준 것	받은 것

준 것	받은 것

준 것	받은 것

준 것	받은 것

이야기

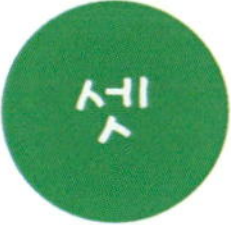

셋

교류분석의 이고그램

이고그램이란 에릭 번(Eric Berne)의 수제자인 Jack Dusay가 다섯 가지 자아(CP, NP, A, FC, AC)의 에너지양을 객관적으로 알아볼 수 있도록 개발한 체크리스트다. 자아 상태를 기능적으로 파악하고 세 가지 자아 상태(P, A, C) 사이에 흐르고 있는 심적 에너지의 양을 그래프로 표시하여 시각적으로 파악한 것이다. 그러나 이고그램을 직접 개발한 듀제이는 체크리스트 방식을 채택하지 않고 직관(intuition)에 의해 그리는 방식을 더 권장하고 있다(『교류분석(TA)프로그램』, 우재현).

Dusay는 총 에너지 불변성 가정(constancy hypothesis)을 주장하며, "어느 한 자아 상태가 증가하면 다른 자아 상태들은 반대로 감소한다. 즉, 심적 에너지의 총량은 일정하며 균형의 변화는 에너지의 이동을 가져온다"라고 했다(『교류분석개론』, 송희자). 즉, 언어적·행동적 특징에 대한 관찰이나, 직관을 활용해 파악한 자신의 각 자아의 에너지양이나 체크리스트를 통해 객관적으로 분석한 자신의 다섯 가지 자아의 에너지양을 탐색하여 낮은 자아를 활성화시킴으로써 균형 잡힌 자아 상태를 만들어갈 수 있을 것이다. 수많은 이고그램 패턴 중 대표적인 몇 가지를 살펴보고 앞에서 살펴보았던 드라마에서 비슷한 패턴을 가졌을 것으로 추정되는 인물들을 탐색해보도록 한다.

1. 대표적인 이고그램 패턴

가. W형

CP가 높아 자신과 다른 사람에게 거는 기대가 높다. 원리원칙을 내세우고 상대 방이 그 기대에 못 미치게 행동했을 때 비판하고, 비난하며, 화가 나는 성격이다. 이때 FC가 높으면 그것을 바로 행동화하겠지만 FC가 낮고, AC가 높기 때문에 자신의 감정을 그대로 표현하지 못하고 억누르게 된다. 이렇게 자신의 감정과 행동을 억제하기 때문에 '억압 우울 상태'가 되기 쉬운 사람의 자아 상태 패턴이다.

또한 FC가 낮아 자신의 즐거움을 찾거나 생활의 재미를 느끼지 못할 수 있으며, NP도 함께 낮기 때문에 사람들과의 관계성을 중요하게 생각하여 함께 즐기려는 노력도 하지 않는다. 즉, 사람들과 함께 즐기고, 따뜻한 관계 맺는 것을 좋아하지 않으며, 혼자 시간을 보내거나 심할 경우 회피하거나 폐쇄적인 시간을 보낼 수 있다. 높은 AC 에너지 때문에 열등감을 가지고, 자신을 비하하며, 욕구불만을 가질 수 있는 패턴이다.

CP의 종결자라 할 수 있는 '영광의 재인'에서 서재명 회장의 아들 서인우는 '완벽해야 한다' 또는 '성공한 모습만 보여야 한다'는 각본을 가진 아버지에게서 늘 부족하다는 비난과 함께 '못나 빠진 놈', '약해 빠진 놈'이라고 질책받으며 성장한다. 그 속에서 서인우는 서서히 자신감을 잃어가고 자신에 대해 Not OK의 인생태도를 가지게 된다. 사람들과의 친밀하고 신뢰로운 대인관계 맺기에도 실패한다. 마음으로는 늘 아버지에 대한 원망, 증오를 품고 자신의 욕구나 감정을 억누르며, 웃는

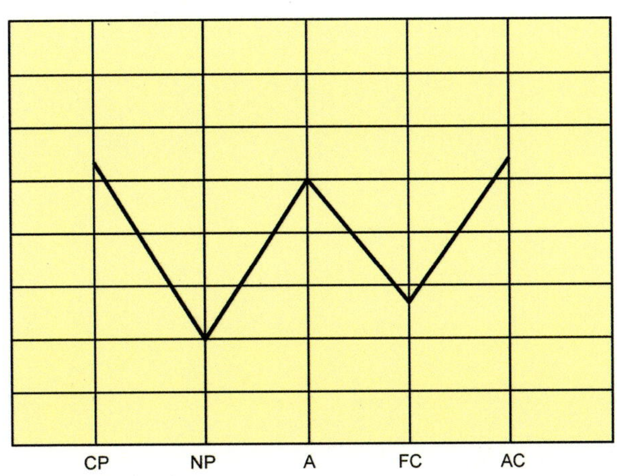

것이 무엇인지, 행복이라는 감정이 무엇인지 모른 채 살아간다. NP와 FC가 낮은 그에게는 사람들이 어울려 즐겁게 대화하는 모습이 생소하며, 자신의 감정을 표현하는 것조차 힘들다. 특히 서인우는 아버지 앞에서 항상 이 자아 패턴하에 놓이기 때문에 자신의 의견을 주장하거나 감정을 교류하기보다 힘없이 아버지 뜻에 따르게 된다. 아버지 앞에서 자신의 욕구와 감정이 언제나 억압되기 때문에 그는 스트레스 상황에 놓이고 '틱'이라는 신체화 증상을 수반하게 된다.

또한 장남이면서 장남 역할을 못하고, 잘난 동생들에게 치여 어려서부터 동생들과 비교되며 '장남으로서 네가 할 수 있는 것이 뭐가 있어?', '넌 하는 것이 항상 그래', '이런 한심한 놈'이라는 비난을 받으며 살아온 '오작교 형제들'의 황태식이 있다. 점점 더 우유부단해지고, 의기소침해지며, 어떤 결정을 내리기를 두려워한다. 결국 그가 선택하려 했던 길은 '자살'이었지만 그것도 마음대로 되지는 않는다. 그는 가끔 알코올의 힘을 빌려 AC 속 RC를 발동시킨다. 아버지에게 '도대체 저한테 왜 이러시는 건데요?', '저한테 왜 그러세요? 언제 한번 칭찬이라도 해주신 적 있으세요?', '아버지는 항상 저한테 이런 식이셨어요'라고 대들지만 곧 후회하고 반성하게 된다. 그리고 언제나처럼 조금은 세상을 비관하며 자신에 대한 열등감과 자기 비하로 살아간다.

이런 패턴의 캐릭터는 또 있다. '애정만만세'의 강형도는 젊은 부인의 명품 사치가 못내 마음에 들지 않고, 결혼해서까지 돈 많은 친정 엄마에게 카드빚을 갚게 하는 부인에게 뭐라고 하고 싶지만 그의 높은 AC는 그것을 행동화하지 못하게 한다. 자신과 타인에 대해 엄격할 수밖에 없고, 자신만의 도덕적·종교적 가치판단을 가질 수밖에 없는 그의 CP 에너지 때문에 원래의 가정을 버리고 젊은 여자와 재혼한 사실을 용납하지 못하고 늘 자신을 질책하게 된다. 모든 현실을 '자업자득'이라 생각하며, 속죄하는 마음으로 희생을 감당한다. 부인의 사치, 장모의 구박과 비난을 고스란히 받아들인다. 자신이 원하는 것을 주장하거나 행동할 수 있는 처지가 아니라 생각하며 모든 욕구, 감정을 억제하며 즐거움과 행복을 반납하고 살아간다.

나. M형

　명랑하고 쾌활하다. NP와 FC가 함께 높기 때문에 사람들과 더불어서 함께 즐기기도 잘하고, 혼자서도 잘 논다. 다만 지나치게 낮은 CP와 AC 때문에 도덕적인 규율이나 원칙이 없으며, 고집스러운 면이 있을 수 있다. 그러나 유머가 있고, 유쾌하며, 즐거운 성격으로 친구들이나 사람들 사이에 호감을 줄 수 있으며, 타인에 대한 배려심까지 가지고 있어서 매력적으로 보일 수 있다. 이성적 판단 능력인 A가 가운데서 중심을 잡아주고 있기 때문에 모든 자아가 적절한 상황에서 작동될 수 있도록 정보를 처리할 수 있고, 남들에게 이용당하거나 어떤 일을 처리할 때 기분에 따라 즉흥적으로 처리하지 않을 수 있다. 창조성, 독창성, 유쾌함, 현실감각, 판단력과 더불어 인간미까지 겸비한 사람이라 모든 사람 사이에서 인기몰이를 할 수 있는 성격 패턴이다. 그러나 만약 가운데 A 점수가 많이 낮다면 현실적인 감각이나 문제 해결능력은 다소 떨어질 수 있으며 논리성이나 합리성도 떨어질 수 있다.

　'애정만만세'의 변동우가 이 자아 상태 패턴일 것이다. 변호사라는 직업이 믿기지 않을 정도로 사람들, 특히 여자들과 어울려 노는 것을 좋아한다. NP가 높기 때문에 다른 사람들한테 친절하며 그리하여 자칭 박애주의자다. 자신의 행동에 대해 어떠한 규제나 죄의식도 없으며, 그저 하루하루가 즐겁고 행복하다. 깊게 생각하는 것도 싫고 복잡한 것도 싫다. 그래서 가는 여자 안 말리고 오는 여자 안 막는다. 그런 그가 그나마 변호사라는 직업을 유지해나갈 수 있는 것은 그래도 A자아가 중심을 지켜주고 있기 때문이다. A자아의 힘으로 논리적이고 객관적이며 합리적이어야 하는 변호사의 일을 수행하고 사건들을 처리해나간다. 제멋대로인 것 같

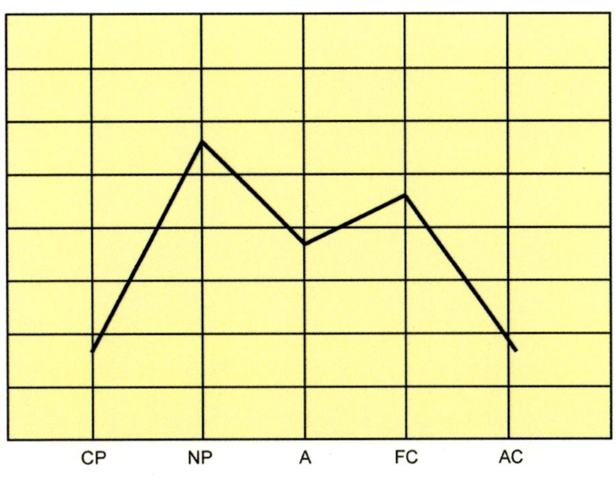

고 이기적인 것 같지만 NP로 인한 기본적인 인간에 대한 따뜻한 마음이 있기에 밉지 않은 악동이다. 변호사로서의 일에 대한 욕심이 없고 자신의 행동을 통제하거나 조절하지 못하는 것은 CP의 에너지가 낮기 때문일 것이다. 꼭 지켜나가야 하는 원리원칙이나 규율, 도덕적 잣대 없이 융통성 있고 허용적이며 자유로운 것도 그 때문이다. 많은 여성이 그런 그의 매력에 빠져든다.

이 드라마에는 또 한 명의 같은 패턴의 캐릭터가 있다. 바로 남다름이다. 홀아비로 살아가는 자신의 아버지를 장가보내기 위해 애쓰는 귀여운 아이다. 얼굴에는 항상 미소와 장난기가 떠나지 않으며, 홀로 자신을 키우는 아버지에 대한 애틋한 사랑을 가진 아이다. 경제적으로 힘들고 어렵지만 내색하지 않고 항상 웃는다. 언제나 밝고 긍정적이다. 사람들과 어울리는 것을 좋아한다. 다소 충동적이고 즉흥적이다. 하고 싶은 대로 해야 직성이 풀리는 성격도 있지만 타인에 대한 배려를 잊지 않는다. 다만 연령적으로나 CP 에너지의 양으로 볼 때 스스로를 통제하거나 조절하는 능력은 부족하다. 철없고, 놀기 좋아하고, 별난 성격이지만 가끔씩 어린애 같지 않은 말이나 상황판단은 중심을 지켜주고 있는 그녀의 A자아 때문일 것이다.

다. N형

자신을 생각하기에 앞서 타인을 먼저 생각하고 배려하는 자기 희생형이다. 타인과의 좋은 관계 유지를 위해서라면 자신을 희생할 수 있다. CP가 낮고 AC가 높기 때문에 원리원칙에 의해 엄격하게 상대를 대하지 못하고, 잘못한 것을 지적하거나 고쳐주고 충고하는 것이 어렵다. 자신에 대한 관리나 통제, 절제력도 떨어진다. 자신을 돌보지 않고 지나치게 타인을 배려하기 때문에 다른 사람들에게 이용당하거나 사기당할 가능성이 있다. AC가 지나치게 높아 타인을 위해 자신의 즐거움, 욕구, 감정을 포기해버리는 유형이라 스스로 위축되고, 열등감에 빠질 수 있다. 그 스트레스와 욕구불만을 차곡차곡 내면에 쌓아갈 수 있는 유형이다.

'샐러리맨 초한지'에서 차우희는 이 패턴보다는 FC가 높고 AC가 낮은 N형으로 추정된다. 자신이 불리해질 것을 알면서도 상대방을 도울 수 있는 따뜻한 마음의 소유자다. 지나치게 자신의 욕구나 감정을 누르고 살아가는 유형은 아니며 적당한 FC로 사람들과의 관계 맺음도 하고, 즐겁게 살아가는 인물이다. 다른 사람들의 잘못을 보고 지적하거나 충고하는 역할은 잘하지 못한다. 다만 높은 NP로 모든 일에

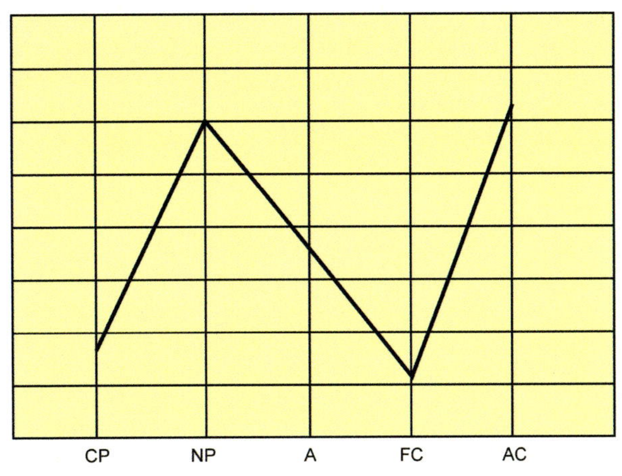

관여하여 이것저것 챙겨주고 싶어 하며, 힘든 사람들을 찾아다니며 위로하려 하기에 오지랖 넓다는 평가를 받는다. 사람에 대한 고정관념이나 선입견 같은 것을 갖고 있지 않아 사람들과 잘 친해진다. 그리고 인간에 대한 신뢰가 높아 사람을 잘 믿는다. 그래서 때로는 이용당하고 사기당하기도 한다.

'부탁해요 캡틴'의 한다진 역시 이 패턴보다는 FC가 더 높고 AC가 낮은 N형이다. 엉뚱함이 있어 꼴통 소리를 듣지만 하고 싶은 일에 열정을 가지고 열심히 노력한다. NP가 높아 주위 사람들을 일일이 챙겨주고 다녀야 하기 때문에 오지랖 넓다는 핀잔 아닌 핀잔을 받을 때가 있다. 그러나 그녀의 '타인에 대한 따뜻한 배려의 마음'은 많은 주위 사람에게 도움을 주며 인간을 OK로 바라보게 한다. 자신보다는 타인을 먼저 생각할 줄 아는 그녀이기에 때로는 사람들에게 이용당하기도 한다. 일찍 돌아가신 부모를 대신해 어린 동생을 양육하면서도 자신의 감정을 드러내지 않고 속으로 삭이며, 자신의 욕구와 쾌락을 억제하는 것은 AC 에너지의 영향이다. 그녀의 AC는 성인이 되기 전에 같은 날 아버지와 어머니를 모두 잃었지만 어린 동생이 '슬퍼할까 봐', '미안해할까 봐', '힘들어할까 봐' 자신의 감정을 표현하거나 내색하지 못하게 한다. 그래도 그녀는 FC와 NP 에너지의 힘으로 낙관적이고 긍정적인 생각을 하며 밝은 미래를 포기하지 않는다. 언젠가는 행복한 미래를 가지게 될 것이라는 확고한 믿음으로 하루하루를 살아간다.

라. 역N형

CP가 높기 때문에 자신의 원리원칙이나 가치에 위배되는 행동을 한 사람에 대해서는 비판적이며, 비난적이고, FC가 높아서 하고 싶은 말을 다 하고, 행동할 수 있다. 자신의 주장을 강하게 펼치고, 외모를 깔끔하게 꾸미는 것도 CP의 높은 에너지 영향이다. 남이 '~할까 봐' 자신의 욕구나 감정을 희생하지는 않는다. NP가 낮기 때문에 남을 위해서 봉사하려는 사람들도 이 유형의 사람들에게는 이해되지 않는 행동일 것이다. 자신의 이익을 위해서는 수단과 방법을 가리지 않을 가능성도 가지고 있기 때문에 타인에게 희생을 강요할 수 있다. 혼자서도 잘 놀며, 독창성, 예술성, 창조성을 발휘할 수 있다.

'더킹 투하츠'의 이재하는 이 유형보다는 NP가 높은 역N패턴일 것이다. 자신의 눈 밖에 난 사람에 대해서는 비난과 경멸, 충고, 지적을 해댈 수 있을 만큼 CP가 높다. CP와 FC가 높아서 자신의 마음에 들지 않거나, 기대치에 미치지 못했을 때, 또는 기본이 안 된 사람들을 보면 바로 행동화하여 비난하거나, 욕할 수 있으며 상대방의 자존심을 상하게 할 수 있다. 또한 NP가 낮고 FC가 높기 때문에 타인에 대한 배려나 관계에 대한 고려 없이 자신의 즐거움과 쾌락, 그리고 욕구와 감정을 중요하게 생각한다. 다른 사람의 시선 따위는 아랑곳하지 않는다. 왕자의 신분이지만 누가 뭐라고 하든지 신경 쓰지 않고 자기 하고 싶은 대로만 하는 걱정스러운 악동이다. 누군가가 명령하거나 지시하는 것은 받아들이지 못한다. 장난기가 많고 자신이 좋아하는 사람에게 조롱과 빈정거림과 같은 FC가 높은 사람들이 범하기 쉬운 의사소통을 사용한다. 물론 이 드라마에서 이재하는 왕이 되지 않기 위해 과

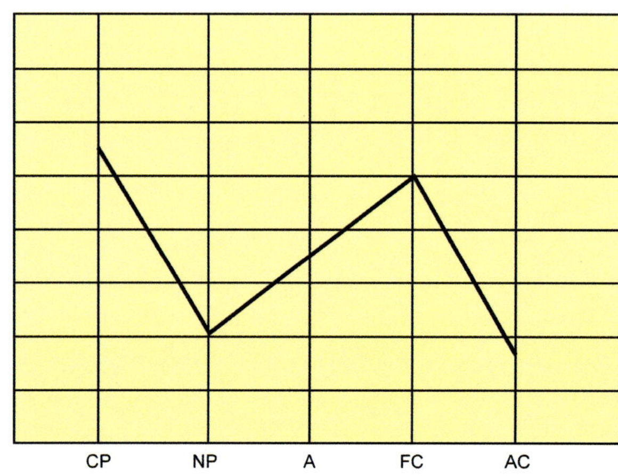

도하게 FC를 높이고 NP를 낮추며 사람들에게 자신이 왕으로서 자격이 없음을 보여주기 위한 설정도 있다. NP가 아주 낮은 편은 아니라 안 그런 척하면서도 국민들의 안위를 생각하며 표현은 안 하지만 주위 사람들을 걱정한다. 물론 다른 사람들 때문에 하고 싶은 말을 참거나 자신의 감정을 억누르지는 않는다.

'애정만만세'의 변주리는 대표적인 역N패턴을 가지고 있다. CP가 높아 자신의 마음에 들지 않으면 부모, 형제를 가리지 않고 비난과 욕설을 퍼붓는다. 지나치게 편견이나 고정관념과 선입견도 심해 '가난한 사람들은 모두 열등감에 사로잡혀 있다', '여자는 예쁘면 다 된다'는 구시대적인 발상을 가지고 있다. AC와 NP가 낮고 FC가 높기 때문에 다른 사람에 대한 배려나 입장을 고려하지 않고, 자신의 쾌락과 즐거움만 채우려 한다. 다른 사람에게는 FC가 없다고 생각하는 사람 같다. 명품 쇼핑으로 혼자서도 잘 놀며, 힘들게 돈을 벌어다 주는 남편 생각은 하지 않고 사치를 즐기는 이기적인 성격이다. 자신만 위하는 성격 때문에 가족은 물론 주위 사람들을 힘들게 하고 원만한 대인관계를 맺고 살아가지는 못한다. 자신의 이익과 욕구 충족을 위해 가족, 특히 남편의 희생을 강요한다.

다섯 가지 자아는 어떤 자아도 좋은 점만 있거나 나쁜 점만 가지고 있지 않다. 에너지가 높아서 좋은 점도 있고, 나쁜 점도 있다. 에너지가 낮아서 좋은 점도 있고, 나쁜 점도 있다. 자신의 각 자아에 대한 에너지의 정도를 파악하고 그 에너지가 좋은 쪽으로 활용되고 있는지, 나쁜 쪽으로 활용되고 있는지 통찰하는 것이 중요하다. 그리고 다섯 가지 자아들이 균형 잡힐 수 있도록 노력해나가는 것이 필요한 것이다.

교류분석에서는 P, A, C 세 자아가 분리되어 있으면서 융통성이 있고, 어른 자아가 제 기능을 다하는 구조를 지닌 상태를 건강한 성격이라고 본다. 따라서 세 자아가 제 기능을 다하지 못하는 상태를 건강하지 못한 성격이라고 본다. 즉, A자아로부터의 통제가 거의 되지 않는 애매한 자아 경계나, 심적 에너지들이 자유롭게 이동하지 못하는 경직된 자아 경계, 어느 한 자아들이 배제되어 기능하지 못하는 상태 또는 각 자아로부터 오염된 경우는 건강하지 못한 성격이라고 볼 수 있다. 교류분석에서는 지나친 편견이나 고정관념을 가진 경우 P가 A를 오염시켰다고 말하며, 망상이나 환청을 경험하거나 또는 지나치게 유아적인 욕구를 가지고 있는 경우 C가 A를 오염시키고 있다고 말한다. 편견이나 고정관념 그리고 망상과 유아적인 욕구를 모두 가지고 있을 경우 A는 P와 C로부터 모두 오염되었다고 말한다. 지속적인 탐색과 통찰의 노력으로 A자아의 오염 상태를 점검하고 경직되거나 배제되어 기능하지 못하는 자아가 없는 건강하고 균형 잡힌 자아 상태를 가질 수 있도록 노력해야 할 것이다. 또한 자신의 자아 상태를 파악하여 지나치게 낮은 에너지를 가진 자아를 활성화시키고 균형 있는 자아 상태를 만들어나가는 것이 중요하다.

1. 균형 잡힌 자아 상태를 위한 'UP & UP'

교류분석에서는 다음과 같은 모양의 자아 상태가 대체적으로 바람직할 것이라 본다. 즉, A자아가 가운데서 중심을 잡아주어 각 자아가 상황에 맞고 적절하게 작동할 수 있도록 해주며, 이성적이고 논리적이며 합리적인 판단이 가능하여 일을 처리하고, 문제를 처리하는 데 어려움이 없을 것으로 본다. 또한 NP와 FC가 함께 높아 자신의 즐거움을 추구하고 모든 일에 적극성과 자발성을 띠며 욕구를 채워나가지만 결코 타인에게 피해를 주거나 혼자만의 이기적인 욕구를 충족시켜 나가는 것이 아니라 타인과 함께 즐길 줄 안다. 적당한 CP와 AC로 책임감 있고 리더십을 발휘할 수 있으며, 스스로를 통제하거나 절제할 수 있고, 필요할 경우 협조하고 타협할 줄 안다. 따라서 자신도 만족스럽고 타인도 만족스러우며, 일을 하면서도 즐거움을 추구할 수 있는 조화로운 삶의 실천이 가능할 것이다. 지나치게 높은 자아와 낮은 자아를 탐색하고 특히 낮은 자아를 활성화시켜 조화로운 자아 상태를 만들어나가는 노력이 필요하다.

건강한 자아 상태의 예시

가. CP

1) 에너지가 지나치게 낮으면

　　상대방에 대한 비난과 지적은 없지만 자기 자신에 대한 관리 능력이 없고, 규율이나 규칙 준수에 대한 엄격함도 없다. 고정관념이나 선입견 같은 것을 가지지 않아 관계 맺기에 어려움은 없을 것으로 보이나 스스로에 대한 통제력, 조절 능력도 떨어지고, 판단력도 떨어진다. 의무감, 책임감이 약하고 양심에 따라 행동하지도 않는다.

2) 에너지를 UP시킬 수 있는 방법

- 책을 큰 소리로 읽는다.
- 작은 일이라도 끝까지 해내도록 한다.
- 작은 일이라도 목표를 설정한다.
- 약속 시간은 반드시 지킨다.
- 드라마를 보고 인물들에 대한 평가를 해본다.
- 드라마에 대한 비평을 한다.
- 자신감 있게 걷는다.

나. NP

1) 에너지가 지나치게 낮으면

간섭하거나 오지랖이 넓지는 않지만 상대방에 대한 공감 능력이 떨어진다. 타인에 대한 배려나 따뜻한 친절이 부족하며 사람들과 어울려 함께하는 것에 대한 필요성을 느끼지 못해 대인관계 형성에 어려움이 있을 수 있다. 매사에 긍정적으로 생각하는 능력이 떨어지고 얼굴에 온화한 미소를 찾기 힘들 수 있다.

2) 에너지를 UP시킬 수 있는 방법

- 동물이나 식물 사랑으로 키워보기
- 상대방 칭찬하기
- 상대방 이야기를 끝까지 들어주기
- 모임의 힘든 일 솔선수범하여 행하기
- 상대방 질문에 친절하게 대답하기
- 주변 사람들에게 작은 선물이라도 먼저 하기
- 상대방이 친절을 베풀면 감사 표현하기
- 상대방의 부탁을 거절하지 않고 들어주기
- 거울 보고 온화한 미소 연습하기

다. A

1) 에너지가 지나치게 낮으면

냉정하거나 차갑게 느껴지지 않고 인간미는 느껴지지만 현실성이 떨어지고 논리성, 객관성도 떨어진다. 공과 사를 구별하지 못하고 계획적이지도 못하다. 행동을 하기 전 생각이 선행되거나 수반되지 않아 부적절한 상황이 종종 연출될 수 있다. 문제를 해결할 수 있는 능력도 떨어지고 판단력도 떨어진다.

2) 에너지를 UP시킬 수 있는 방법

- 수첩에 항상 메모한다.
- 일기 쓰기를 습관화한다.
- 책을 읽고 느낀 점을 쓴다.
- 행동하기 전에 먼저 생각한다.
- 드라마를 보고 그다음 스토리를 미리 예측해본다.
- 화가 치밀어 오를 땐 '하나, 둘, 셋……' 하고 심호흡을 한다.
- 이익과 손실을 함께 따져본다.

라. FC

1) 에너지가 지나치게 낮으면

조용하고 충동적·즉흥적이지는 않지만 삶에 재미나 흥미를 느낄 수 없으며, 다른 사람들에게도 어두운 이미지를 보여줄 가능성이 높다. 표정이 없거나 좋음에 대한 감정을 표현하지 않는다. 매사에 행동화가 어렵고 적극성과 자발성이 부족하다. 또한 융통성이 부족하여 환경에 대한 적응력이 떨어질 수 있다.

2) 에너지를 UP시킬 수 있는 방법

- 재미있는 예능프로그램을 보고 유행어를 따라 해본다.
- 여행을 간다.
- 자신만의 취미를 만든다.
- 와우, 어머 등 감탄사 등을 사용해본다.
- 사람들의 말이나 행동에 조금은 과도한 리액션을 해본다.
- 모든 것에 일단 호기심을 가져본다.

– 재미있는 것을 상상하면서 웃어본다.

– 자신이 좋아하는 것을 정확하게 알린다.

마. AC

1) 에너지가 지나치게 낮으면

적극성을 띠고 자신감을 가질 수 있지만 상대방의 말을 듣지 않고 고집을 부릴 수 있다. 타협하거나 협조하기보다는 일방적으로 자신의 의견을 제시함으로써 다른 사람들이 편하게 접근하는 대상이 되기 힘들다. 자기주장만 내세우고 상대방의 부탁을 자주 거절할 수 있어 관계 형성이 어려울 수 있다.

2) 에너지를 UP시킬 수 있는 방법

– 다른 사람의 말에 '네'라고 말해본다.

– 싫다는 표현을 바로 하지 않고 조금 기다려본다.

– 상대방의 입장이 되어 보고 다시 생각해본다.

– 누군가의 의견을 꺾으려고 하지 말고 일단은 긍정한다.

– 지나치게 고집을 부리지 않는다.

– 집단에서 정한 규칙이나 규율이 있다면 지킨다.

– 모두가 '네'라고 결정한 사항은 불만이 있어도 따른다.

– 상대방의 표정이나 기분을 읽어본다.

이야기

넷

교류분석의 교류패턴 분석

에릭 번(1864)의 정의에 따르면 '교류란 어떤 사람의 하나의 자아 상태에서 보내지는 자극에 대해서 다른 사람의 하나의 자아 상태에서 반응이 되돌아오는 것'이다. 즉, 한 사람의 P, A, C자아 중 하나의 자아 상태에서 자극을 보내면 다른 사람 역시 P, A, C자아 중 하나의 자아 상태에서 반응을 보내오는 것이다. 이같은 교류에는 상보교류, 교차교류, 이면교류가 있다고 교류분석에서는 말하고 있다. 김성자(2006)는 교류분석의 목적은 이 3가지의 교류패턴에 대해 학습하고, 자기는 타인에 대해 어떻게 반응하며 타인은 자기에 대해 어떻게 반응하는가를 분석함으로써 바람직한 교류를 하는 데 목적이 있다고 하였다.

교류는 중요하다. 우리가 살아가면서 겪게 되는 많은 문제나 어려움의 대부분은 관계적인 측면에서 온다. 부모와 자녀의 관계가 원만하지 못할 때, 직장에서 동료나 상사와의 관계가 원만하지 못할 때, 학교에서 친구들과의 관계가 원만하지 못할 때, 또 가정 내에서 부부 관계가 원만하지 못할 때, 시어머니와 며느리의 관계가 원만하지 못할 때 많은 문제가 발생한다. 인간관계적인 측면에 아무런 문제가 없으면서 혼자 겪게 되는 어려움들은 그다지 많지 않을 것이다. 또한 이런 관계적인 측면의 어려움들은 대화 부족이나 대화 단절 또는 잘못된 대화 방법 등 잘못된 교류에 의해 만들어진다. 바꾸어 말하면 올바른 대화가 우리가 살아가는 데 직면하는 많은 문제를 해결해줄 수 있는 단서를 제공해준다는 것을 의미한다.

대화의 부족과 잘못된 대화 방법 때문에 엄청난 고통의 지옥을 살아가는 가족의 모습을 담은 드라마가 있었다. '다섯 손가락'이 바로 그 드라마다. 유만세(조민기)

는 채영랑(채시라)을 보고 한눈에 반해 결혼에까지 성공하지만 채영랑이 결혼 전 낳은 아이가 있다는 것을 알고 그 아이를 몰래 키우다 자신이 밖에서 낳은 자식이라며 집으로 데리고 들어온다. 채영랑이 낳은 친자식이라는 말을 결코 하지 않는다. 채영랑은 남편이 사랑하는 여자에게서 낳은 자식이라 생각하고 남편을 멀리한다. 유만세는 채영랑이 첫사랑을 잊지 못한다고 생각하고 마음을 열지 못한다. 그렇게 서로가 서로를 오해하며 마음의 상처를 남긴다. 서로 비난하고, 헐뜯고, 경멸하며 이 가족은 점점 예상하지 못했던 일들을 겪게 된다. 유만세의 죽음 이후 거대 그룹의 후계자 문제를 놓고 서로가 회복되기 어려울 정도의 증오에 찬 복수를 거듭한다. 유만세가 채영랑의 자식을 받아들이겠다는 한마디만 하고 유지호를 데리고 들어왔더라면 그 끔찍한 일들은 시작되지도 않았을 것이다. 또한 두 사람이 비난과 비판으로 서로에게 상처를 줄 것이 아니라 대화로써 서로의 마음을 표현했더라면 유만세가 사랑했던 여자는 바로 지금의 부인 채영랑이라는 것을 알 수 있었을 것이다. 유만세 역시 채영랑이 지금은 첫사랑을 다 잊고 남편인 자신에게 사랑받고자 한다는 것을 알게 되었을 것이다. 이 가정의 이토록 끔찍한 사건들이 정말 어처구니없게도 대화의 부족과 잘못된 대화패턴 때문이었다는 것을 알게 되었을 때 우리는 놀라지 않을 수 없다.

타인에 대한 자신의 반응과 자기에 대한 타인의 반응을 분석함으로써 바람직한 교류를 시작한다는 것은 중요하다. 따라서 우리는 교류분석에서 말하는 세 가지 교류 패턴에 대해 알아보고 어떻게 교류하는 것이 올바른 것인지 탐색하게 될 것이다.

1. 세 가지 대화패턴

가. 상보교류

발신된 자극에 대해 기대했던 자아 상태에서 반응이 오는 교류방법을 말한다. 한진원(2011)에 의하면 이 교류는 항상 자극과 반응 사이에 평행 관계가 유지된다. 즉, 상보적 교류에서는 두 사람 사이에 심리적 갈등이 없기 때문에 원만한 의사소통이 이루어진다. 두 사람의 사회적 자극에 대한 요구가 서로 바라는 방향으로 채워지기 때문에 문제가 없는 상호교류 형태이다.

예를 들어 개인의 자아 상태 중 어버이 자아 상태와 어버이 자아 상태, 어린이 자아 상태와 어린이 자아 상태, 어른 자아 상태와 어른 자아 상태의 상호교류는 서로 원하는 말과 행동을 주고받기 때문에 의사소통에 문제가 없이 원만한 관계가 성립된다. 가령 정보제공을 원하며 A자아로부터 발신했던 자극에 대해 A자아로부터 반응이 오는 경우이다. 즉, '아버님 생신이 언제죠?'라는 자극에 '12월 1일이지'라는 반응이 연결된다면 상보교류를 한 것이다. 상보교류의 몇 가지 예를 정리하면 다음과 같다.

A: 요즘 젊은이들 예의도 없고 제멋대로인 것 같지 않나요? (P→P)
B: 정말 그런 것 같아요. (P→P)

A: 엄마, 나 숙제 좀 도와주세요. (C→P)
B: 그래, 뭘 좀 도와줄까? (P→C)

구조와 기능에 의한 상보교류의 패턴을 보고, 드라마 속 상보교류의 예를 보면서 대화의 느낌을 탐색해보자.

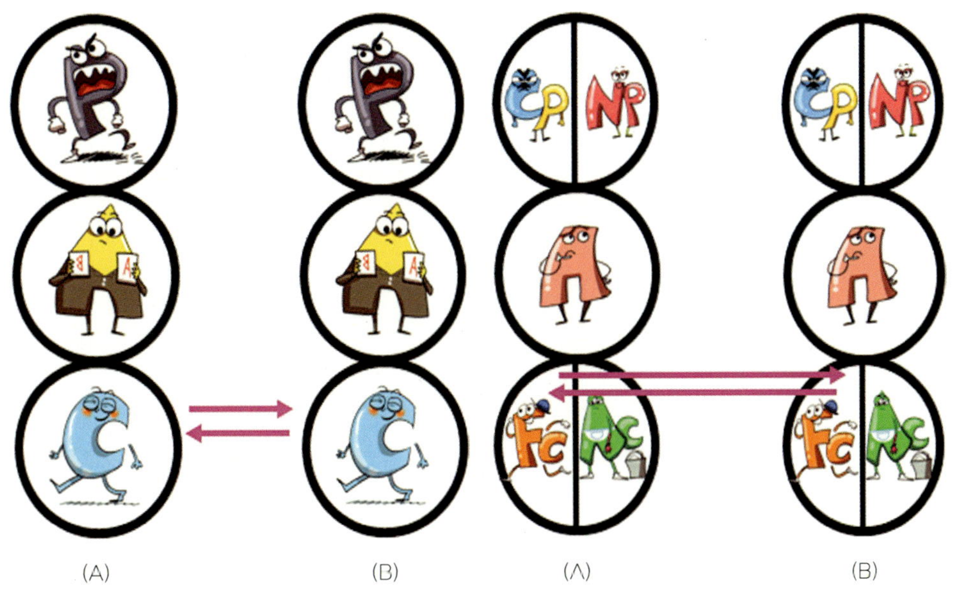

A: 자기야! 사랑해~
B: 응, 나도 사랑해.

A: 엄마! 우리 오늘 외식해요.
B: 오래간만에 그럴까? 아빠 오시면 가자.

 '오작교 형제들'에서의 상보교류

차수영1: 무슨 일인데?

황태범1: 나한테 2천만 원만 빌려줄래요? 당장은 못 갚아요. 되도록 1년 안에 갚고 싶지만. 뭐 그 이상이 걸릴지도 모르겠어요. 담보는 나예요. IBC에서 제일 잘나가는 (얼굴 보며 웃는다) 꽤 괜찮은 담보 아닌가? 믿고 빌려줄래요?

차수영2: (웃는다) 담보가 마음에 드네. 그럼 전액 상환할 때까지 황태범은 나한테 잡혀 있는 건가?

황태범2: (미소 지으며) 아마도…….

차수영3: (고개를 끄덕이며) 좋아. 대출 완료!

황태범3: 고마워요. (웃는다)

(서로 마주보며 웃는다)

황태범4: 저녁에 취재 있어요? 같이 퇴근할래요?

차수영4: (수줍게 웃으며 고개 끄덕끄덕)

윤재인1: 역시 그렇게는 안 되는 거겠지? (혼잣말)

김영광1: 안 된다니, 뭐가?

윤재인2: 어, 언제 왔어요?

김영광2: 지금 막……, 근데 뭐가 안 된다는 거야?

윤재인3: (웃으며) 아니에요, 아무것도.

김영광3: 너, 또 한 방 먹었다며? (빨래를 걷고 있는 윤재인을 도와주며)

윤재인4: 주세요. 내가 해도 돼요.

김영광4: 팔도 내가 더 길고, 속도도 내가 더 빨라. 합숙소에서 3년 동안 내가
빨래 담당이었던 것 내가 말 안 했나?

윤재인5: 야식 담당이었다는 말밖에 안 했는데요.

김영광5: 그랬나? 야식 담당일 때 빨래 담당도 같이 했었는데…… 나, 완전 빨래
개기 도사였었는데……. (멋쩍게 웃는다)

(둘이 마주보며 한동안 웃는다)

김영광6: 아, 너 말이야. 혹시 점장한테 아침 값이랑 시간 외 수당 받아냈어?

윤재인6: 예? (약간 주춤하며) 아, 네. 받았어요.

김영광7: 안 줬다고 하면 내가 달려가서 아작을 내버리려고 했는데……, 아무튼
너 말이야. 무슨 어려운 일 있으면 당장 오빠한테 와서 다 말해. 내가
쫓아가서 다 무찔러 줄 테니까…….

윤재인7: (흐뭇하게 웃으며) 네.

(웃으며 함께 빨랫줄에서 빨래를 걷는다)

나. 교차교류

　발신된 자극에 대해 예상하지 못했던 자아 상태에서 반응이 오는 교류방법을 의미한다. 상보교류와는 달리 객관적이고 합리적인 정보제공으로 문제를 해결하기를 원하며 A자아로부터 발신한 자극에 대해 상대방은 어버이 자아 상태에서 비난하며 무엇이든 다 알아서 해결해주기를 바라는 경우가 그 한 예가 될 수 있을 것이다. 즉, "아버님 생신이 언제죠?"라는 자극에 "당신은 시아버님 생신도 모르고 있었어?"라고 화를 낸다면 대화는 교차교류가 되는 것이다. 이때 상대방은 다시 "살다보면 그럴 수도 있는 것 아닌가요?"라고 다시 P로 되돌려주고, 이에 대한 반응은 "아니, 뭘 잘했다고 큰 소리야? 시아버지 생신도 몰랐으면 부끄러운 줄이나 알고 조용히 해!"라며 큰 소리가 나고 급기야 부부싸움으로 이어질 가능성이 높다. 이와 같이 교차교류는 싸움으로 연결되는 경우가 많아 인간관계에서 고통의 원인이 되기도 한다. 한진원(2011)도 이 교류는 대화의 단절, 무시, 침묵, 화제전환, 싸움 등이 일어나는 경우가 많고, 인간관계에서 여러 가지 문제를 일으킨다고 보았다. 교차교류의 몇 가지 예를 정리하면 다음과 같다.

A: 우리 중간고사가 언제지? (A→A)

B: 너는 학생이 되어가지고 시험 날짜도 몰라? (P→C)

A: 와우! 정말 오래간만이다. 우리 차 한 잔 할까요? (C→C)

B: 제발 저 좀 도와주세요. (C→P)

구조와 기능에 의한 교차교류의 패턴을 보고, 드라마 속 교차교류의 예를 보면서 대화의 느낌을 탐색해보자.

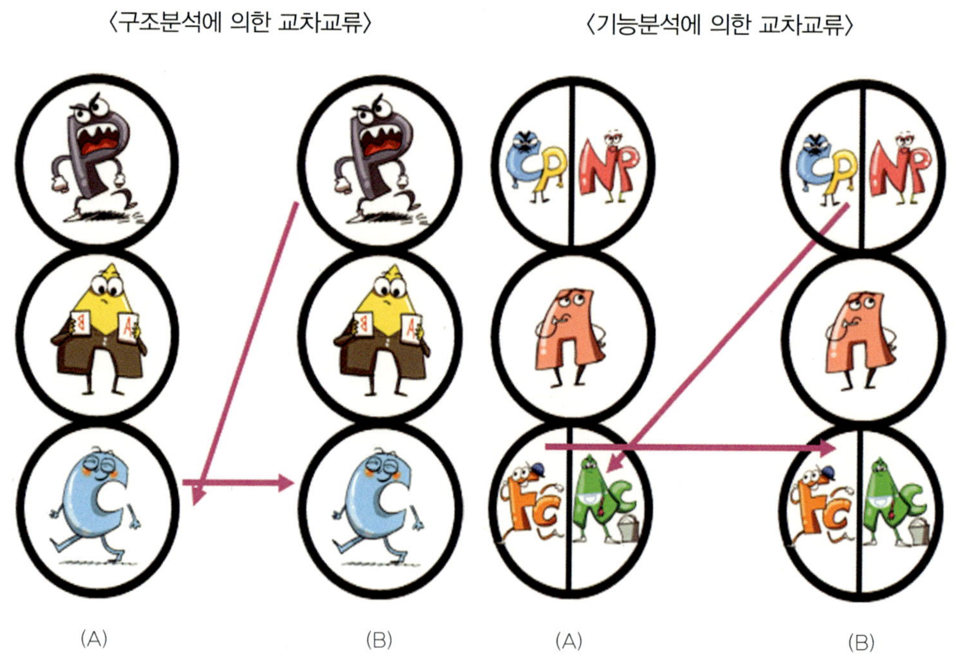

A: 히히히, 예능프로 되게 재미있지 않아?
B: 야! 넌 저게 재미있냐? 그 시간에 공부나 하시지!

A: 엄마, 개그콘서트 재미있어요. 보러 오세요.
B: 넌 내일이 시험인데 정신이 있는 거야? 없는 거야? 공부나 해!

📺 '오작교 형제들'에서의 교차교류

황태식1: 너, 도대체 나한테 왜 이러는 거야? 도대체 국수를 데리고 나간 저의가 뭐야?

김미숙1: 나, 안 데리고 나갔다. 국수가 주차장에 서 있었지.

황태식2: 너, 꼭 그렇게 치사하게 굴어야겠냐? 아직도 악착같이 나랑 예진 씨 사이를 방해하고 싶어?

김미숙2: 너가 맞아야 정신을 차리겠구나.

황태식3: 참, 뭐?

(미숙이 태식에게 물을 뿌린다)

황태식3: 야! 야! 너……, 김미숙! 너 미쳤어?

김미숙4: 그래, 나 미쳤다. 어쩔래? 야! 이제 정신이 좀 드냐?

황태식4: 아이~ 씨 (화내며)

김미숙5: 그래서 너, 뭐라고 이야기했냐? 국수 누구라고 이야기했어? 네 아들이라고 이야기했어?

황태식5: 네가 왜 그걸 상관해? 그렇지. 니 속셈이 바로 그거지? 너 기어이 내 입으로 예진 씨한테 그 이야기하게 해서 나랑 예진 씨 사이를 찢어놓을 생각이야.

왜? 아예 니 입으로 예진 씨한테 국수가 내 아들이라고 밝히지?

김미숙6: (화내며) 으이그, 이 칠푼이 같은 놈아! 야, 난 안 데리고 나갔다니까. 예진 씨한테 당장 전화해. 삼자대면해서 확인시켜 줄 테니까.

황태식6: (버럭 화내며) 어디다 대고 욕이야? 뭐, 칠푼이 같은 놈?

김미숙7: 그래 이 칠푼이 같은 놈아.

📺 '영광의 재인'에서의 교차교류

서재명1: 대체 왜, 니가 왜 여기에 있는 거야?

김영광1: 네?

서재명2: 대체 니가 왜 아직도 이 회사를 돌아다니고 있는 거냐구?

김영광2: 그야 제가 면접 1차를 통과했으니까요.

서재명3: (김영광의 누나를 보며) 내가 한 말 어디로 처들어 먹은 거야? 봐주는
건 너 하나로 끝내자고 했잖아?

김경주1: 그러셨습니다. 회장님!

서재명4: 그런데 왜? 쓰레기 짐짝처럼 자꾸 엉겨 붙고 있어? 일단 엉덩이부터
들이밀고 뭉치고 뭉개다 보면 나중에 어떻게 되겠지? 뭐 이런 심산이
야? 너희들같이 없이 사는 것들의 생존방법이야?

김영광3: (화내며) 말씀이 좀 지나치십니다. 회장님! 쓰레기 짐짝이라뇨? 없이
사는 것들이라뇨? 무슨 말을 그렇게 막 하십니까?

서재명5: 뭐야?

김영광4: (화난 얼굴로) 저는 온전히 제 힘과 깡으로 벽돌 35장을 어깨에 메고,
33층까지 올라갔고, 그래서 당당히 시험에 통과한 놈입니다.

김경주2: (난처한 표정으로) 영광아~!

김영광5: 오로지 제 깡과 오기로 당당히 면접 일차를 통과했단 말입니다. 그러니
엉덩이를 들이밀었다느니, 뭉치고 뭉갰다느니 그런 말을 하지 말아주
십시오. 회장님!

서재명6: 이 자식이 근데…… (분노하여 옆 사람을 보며) 당장 치워! 이 자식, 이
거 당장 치워버려!

다. 이면교류

이면교류는 겉으로 보기에 상보교류처럼 보이지만 그 내면에 다른 메시지를 가지고 있어 이면교류로 대화할 경우 집중하지 않으면 이해하기 힘든 경우가 많다. 또한 이면교류를 주고받은 사람들은 상보교류를 한 듯 보이지만 왠지 대화가 끝난 후 기분이 유쾌하지 못함을 경험하게 된다. 이처럼 유쾌하지 못하고 개운하지 못한 상보교류를 경험했다면 이면교류의 가능성을 생각해볼 수 있다. 한진원(2011)에 따르면 이면교류는 두 종류 이상의 자아 상태가 동시에 작용하는 2차원적인 교류방법으로, 한 가지 자극을 가지고 두 가지 사실을 동시에 의미하는 복잡한 교류방법이다. 여기에는 속임수가 내재해 있고, 여러 가지 혼란이나 정신적 질환의 원인이 되어 일어나기도 한다. 이것은 상호작용에서 나타나는 외면적인 것과 사실상 내면적으로 느끼고 요구하는 내용이 다른 것이다. 이러한 이중적 상호교류의 형태는 심리적 교차이므로 이러한 심리교차에서 비롯된 단절을 예방하기 위해서는 겉으로 나타난 언어나 태도보다 내면에 흐르는 메시지를 이해하고 그것에 반응하여야 한다. 즉, "너, 그림 잘 그리는구나"라고 말하는 사람이 속으로는 '치, 발로 그려도 저보다는 잘 그리겠다'라고 생각한다. 그 말을 들은 상대방은 "응, 고마워"라고 말하면서 역시 마음으로는 '너도 그림 연습이나 하시지'라고 생각했다면 이면교류를 하고 있는 것이다. 또한 이면교류는 시어머니와 며느리의 관계에서도 쉽게 찾아볼 수 있다. 아침 일찍 부엌에서 시어머니는 며느리에게 말한다. "너는 피곤할 테니 더 자고 나와라. 아침 준비는 내가 하마." 이때 며느리는 "아니에요. 어머니, 아침 준비는 당연히 제가 해야죠. 들어가 계세요"라고 하며 마치 상보교류가 일어나는 듯 보인다. 그러나 이때 시어머니는 '냉큼 일어나 밥해야지. 쟤는 항상 저렇게 꾸물대' 하고, 며느리는 '마음에 없는 소리 하시기는. 하지만 난 정말 피곤하다고요' 하면서 이면교류를 할 수 있다. 조윤미(2003)는 이러한 이면교류가 반드시 부정적이라 할 수는 없지만 때로는 내면적인 메시지가 게임이나 부정적 결과를 초래하게 되는 경우가 많다고 한다. 이면교류의 몇 가지 예를 정리하면 다음과 같다.

A: 수영이 이번에 전교 1등 했대. 정말 대단하지 않니? (C→C)

– 속마음: 제발 너도 공부 좀 해라. (P→C)

B: 정말? 대단하다. 아이, 부러워라. (C→C)

– 속마음: 죽어라 독하게 공부만 했겠지. (P→C)

A: 여보, 내 양발 어디에 있어? (A→A)

– 속마음: 집구석에서 양말도 하나 제대로 정리 못 해. (P→C)

B: 거실 서랍장 두 번째 칸에 있어요. (A→A)

– 속마음: 나이가 몇 살인데 양말도 하나 스스로 못 챙겨. (P→C)

구조와 기능에 의한 이면교류의 패턴을 보고, 드라마 속 이면교류의 예를 보면서 대화의 느낌을 탐색해보자.

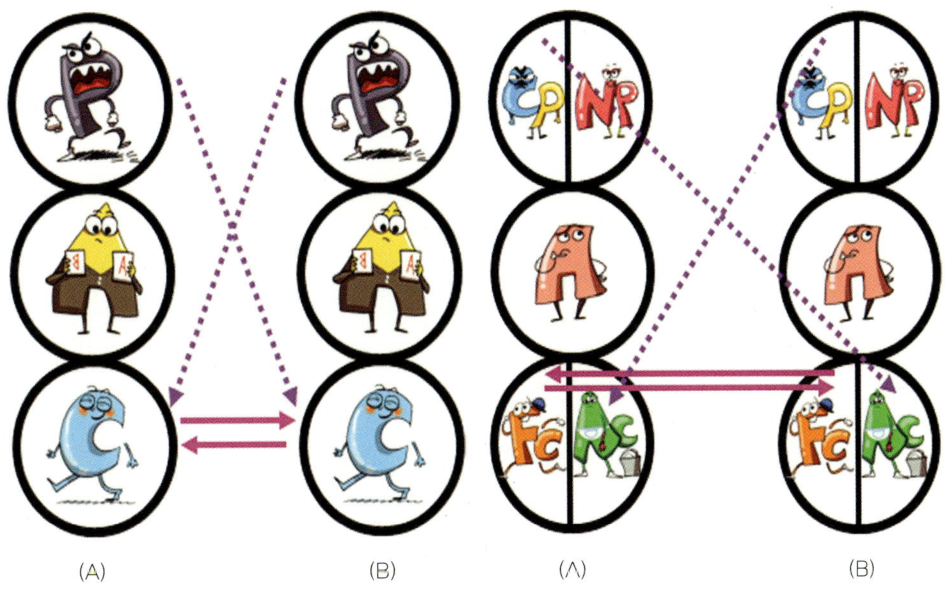

A: 자기야! 사랑해.
(됐냐? 이렇게 말해주면 좋냐?)
B: 응. 나도 자기 사랑해.
(진심 아닌 게 눈에 보이거든.)

A: 와우! 정말 아름다우세요.
(웬만하면 좀 꾸미고 다녀라. 그것도 옷이라고 샀냐?)
B: 진짜? 고마워요.
(그러니까 너도 자기 관리나 좀 해!)

 '오작교 형제들'에서의 이면교류

차수영1: 본부장 때문에 그래?

황태범1: 그게 무슨 의미입니까? 본부장 때문이라뇨?

차수영2: 아니, 뭐. 혹시라도 신경 쓰이나 해서? 우리 아무 사이도 아니었어.

황태범2: (속으로: 우리? 우리~!)

　　　　무슨 사이였어도 아무 상관없습니다. 전혀 신경 안 써요, 나.

차수영3: 뭐…… 그렇다면 됐고.

　　　　(속마음: 질투나면 난다고 하면 안 되냐?)

대왕대비 윤씨1: 이 사람이 수렴청정을 할 때에는 하루가 멀다 하고 찾아오시더
니 갈수록 얼굴 보기가 어렵습니다그려.

윤대형1: 송구합니다. 영상의 자리라는 것이 그리 한가한 자리가 아닌지라, 하하.

대왕대비 윤씨2: 허허허, 잘 알지요. 그 자리가 어디 거저 얻어진 자리라야 말이죠.

(속마음: 네놈이 지금 그 자리에 어떻게 오른 줄 알고 감히 나에게 유세를 떠는
것이냐?)

윤대형2: 허허허.

(속마음: 이빨 빠진 암호랑이가 아직도 지가 숲의 주인인 줄 아는구나.)

대왕대비 윤씨3: 그건 그렇고. 그래, 어쩐 일로 뒷방 늙은이를 찾으셨습니까?

윤대형3: 다름 아니라 장씨를 성수촌에 복귀시켰다 들었사옵니다.

대왕대비 윤씨 4: 뭐가 그리 두려우십니까? 영상!

윤대형4: 장씨라고 하면 지금은 성수촌을 떠난 지 이미 오래된 사람이 아니옵니까?

🖍 다음 대화를 화살표로 그려보세요. 어떤 교류가 일어나고 있는지 알아보고 적절한 반응은 어떤 것인지 적어보세요.

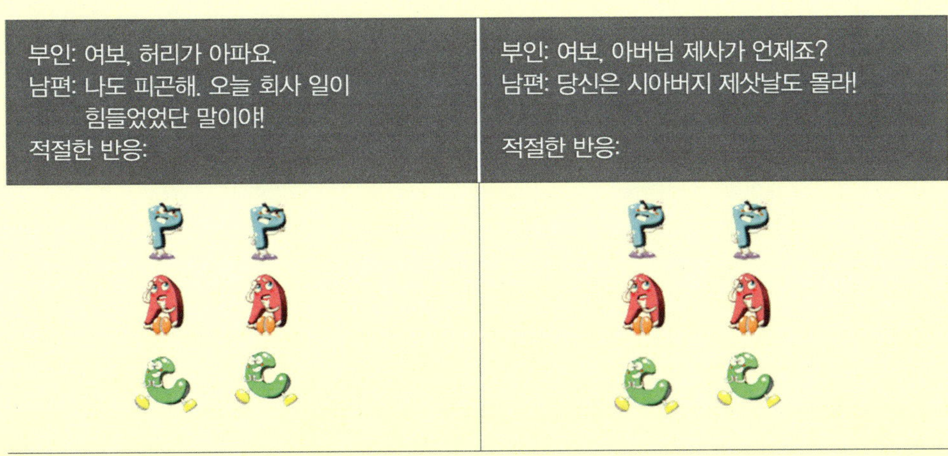

🖍 다른 사람에게 상처 또는 행복을 주었던 대화를 적고 어떤 자아 상태에서 주고받은 대화인지 그려보세요. 또한 내가 다른 사람에게 상처 또는 행복을 받았던 대화를 기억해 적고 자아 상태를 그려보세요.

나의 생활을 가만히 들여다보세요. 그리고 내가 했던 상보교류, 교차교류, 이면교류를 적어봅시다. 그때 나에게서 작용했던 자아는 어떤 자아들이었나요? 그때 상대는 어떤 자아로 나에게 반응했나요?

교류패턴	본인이 한 상보교류 내용	관련된 사람
 〈상보교류〉		
 〈교차교류〉		
 〈이면교류〉		

〈상보교류〉

〈교차교류〉

〈이면교류〉

2. 교류분석에서 말하는 의사소통의 걸림돌

가. 의사소통 걸림돌

 다섯 가지 자아들이 건강하지 못하고 부정적인 측면의 에너지를 가지게 될 때, 그 사람은 타인과의 교류에 있어서 관계를 해치는 의사소통의 언어적 습관을 가지게 될 가능성이 높다. 타인과의 관계 맺기를 힘들게 하고, 원만한 교류를 방해할 수 있는 의사소통 종류의 예를 부모, 교사, 학생 버전으로 나누어 살펴볼 것이다. 그리고 다섯 가지 자아들은 각각 어떤 의사소통의 걸림돌에 잘 넘어지는지, 드라마 속에서는 의사소통 걸림돌이 어떻게 사용되어 있는지 살펴볼 것이다.

1) 부모 버전

위협		무시	
명령		캐묻기	
욕설		논리적 설득	

2) 교사 버전

비난		조롱	

모욕
야!
니 부모가 그렇게
가르쳤나?

저주
너 하는 꼴을 보니
딱 노숙자감이다!

비교
윤오는 공부도
잘하는데
넌 어째 그 모양이니?

경멸
난 너 같은 애들이
제일 싫어!

위협
한 번만 더 그러면
가만두지 않을 거야!
콱

무시
너가 대학엘 가면
내 손에 장을 지진다.

3) 학생 버전

관계에 걸림돌이 되는 의사소통 종류－학생 버전

비난
야! 넌 어째 제대로
하는 게 하나도 없나?

조롱
히히히, 넌 차라리
개그맨이나 해라.
개그맨하면
잘 하겠네~

모욕
야! 엄마도 없는 게 잘난 척하기는
저주
넌 나중에 빌어먹고 살게 될 거야~
비교
옆 반 선생님은 과자 잘 사주시는데 선생님은 왜 안 사줘요?
경멸
너 정말 싫어. 저리가
무시
야! 그만해라~ 네가 대학을 가면 내 손에 장을 지진다.
욕설
야! 씨. 이 XX야!
동정
너 남자친구랑 헤어졌어? 괜찮아~ 다 그런 거지 뭐
협박
너 내일까지 돈 안 가져오면 죽는다?
명령
너 빨리 내 숙제해라~
캐묻기
너 어제 어디 갔었나? 누구랑 갔었는데? 왜 갔었는데?

3. 다섯 가지 자아별 의사소통 걸림돌

가. CP의 의사소통 걸림돌

CP가 높은 사람들은 도덕적·종교적 가치관을 가지고 행동하고, 다른 사람들에게 그것을 강요하기도 한다. 그리고 그 가치관을 기준으로 하여 자신과 다른 사람을 평가하기도 한다. 기대치가 채워지지 못했을 때 자신에게 화를 내기도 하고, 상대에게 화를 내기도 하며, 비난하고 욕하고 때로는 꾸짖고 때리기도 한다. 따라서 CP가 높은 사람은 명령, 비난, 비판, 욕, 훈계, 위협 등의 의사소통을 많이 사용하게 되고, 사람들과의 관계 맺음에 어려움을 겪기도 한다.

'영광의 재인' 서재명은 아들 서인우를 포함한 대부분의 사람에게 명령하고 자신의 의사를 강요하며 모두를 지배하려 든다. 자신의 뜻이 관철되지 못했을 때는 가차 없이 비난과 비판이 쏟아지고, 김영광에게 자신의 뜻을 따르지 않고 어겼을 경우 어떻게 하겠다고 경고하고 위협한다. 상대방의 자존심을 짓밟는 욕설과 악담을 입에 달고 산다. 자신의 말이 화살이 되어 상대방의 가슴에 예리하게 꽂힌다는 사실을 알아차리지 못한다. 서재명이 자주 쓰는 의사소통이다.

- 서재명 가라사대……, 하라고 했다. (명령)
- 어디로 처들어 먹은 거야? (욕설)
- 쓰레기 짐짝같이 엉겨 붙어? (경멸)
- 다시 내 눈앞에 나타나면 그땐 넌 죽어. (위협)
- 너희들같이 없이 사는 것들은 원래 다 그런 거야? (모욕)

나. NP의 의사소통 걸림돌

NP가 높은 사람들은 그들의 성격적인 특징 때문에 다른 사람들을 위로하고, 동정하고 역성들려고 한다. 그것이 다른 사람을 오히려 힘들게 할 수 있다는 사실을 알아차리지 못한다. 상대는 자신들이 도와주어야 할 사람들이라는 생각에 도를 넘

는 간섭과 참견을 하게 된다. 따라서 NP가 높은 사람은 동정, 위로, 역성들기, 동조적 찬성 등의 의사소통을 많이 사용하게 되고, 이것은 사람들과의 관계 맺음에 방해가 되기도 한다.

'패션왕'에서 자신이 가장 어려웠을 때 도움의 손길을 내밀었던 사장 강영걸(유아인)에 대한 연민과 사랑의 감정을 가진 이가영(신세경)은 강영걸에 대해 이것저것을 관여하고 싶어 한다. 그것이 때로는 강영걸에게는 간섭으로 느껴지기도 하며 때로는 사나이의 자존심을 다치게 하기도 한다. 어떤 일이 생겼을 때 강영걸 모르게 자신이 희생하면서까지 돕고 해결하려는 이가영에게 강영걸은 화를 내기고 하고, 이것저것 물어보는 이가영에게 화를 내기도 한다.

이가영1: 어디 가요? 오늘 또 안 들어올 건가요? (간섭)
강영걸1: 네가 내 부인이라도 되냐? 왜 자꾸 간섭이야!
강영걸2: 누가 너보고 그런 것까지 하래? 왜 네가 그런 것까지 해결하려고 하냐고? 도대체 나를 얼마나 더 비참하게 만들려는 거야?
이가영2: 걱정이 돼서……, 사장님이 힘들어지니까. 내가 해줘야 할 것 같아서. (동정, 위로)
강영걸3: 너, 정말 내 자존심을 상하게 하는구나.

다. A의 의사소통 걸림돌

A가 높은 사람들은 다른 사람들과의 관계에서 따뜻하고 정감 있는 대화보다는 건조하고, 딱딱한 대화를 나누기 쉽다. 자신도 모르게 상대방에게 취조하듯이 캐묻기도 하고, 자신의 의견이나 생각을 논리적으로 설득시키려고 한다. 그리고 사람들의 심리까지 분석하려 하며, 매사에 논쟁하듯이 대화를 이끌어가기도 한다. 따라서 A가 높은 사람들은 캐묻기, 논리적 설득, 분석, 논쟁 등의 의사소통을 많이 사용하게 되고, 사람들과의 관계 맺음에 방해가 되기도 한다.

'패션왕'에서 대그룹 회장 아들인 정재혁(이제훈)은 자신의 집안과 어울리지 않는 여자들과 만나면서 어머니의 신경을 많이 건드린다. 아들의 여자에 대해 그 싹을 처음부터 잘라내 버리려는 그녀는 아들이 좋아하는 새로운 여자인 이가영의 일

거수일투족에 대해 보고받으며 아들의 발목을 묶어놓기 위해 캐묻기를 한다. 최대한 이성적이고 논리적인 모습으로……. 그 어머니의 대화 속에 A자아로서의 의사소통 걸림돌이 있다.

- 어제 그 애 왔었다며?, 출근했었다며? 일하고 간 거야? 왜 데려다놓은 거야? 언제 간 거야? 왜 온 건데? (캐묻기)
- 우리 집안에 그런 여자는 합당하지 않다. 너에겐 이 회사에서의 지위도 있고, 주변 사람들의 시선도 있지 않니? 다른 사람들이 우리 집안을 얼마나 우습게 보겠니? (논리적 설득)
- 너의 문제점은 우리 집안과 어울리지 않는 여자들만 만난다는 거야. (진단)
- 그런 마음은 사랑이 아니라 동정이야. (심리적 분석)

라. FC의 의사소통 걸림돌

FC가 높은 사람들은 그들의 성격적인 특성상 자신들의 즐거움만 생각하는 경향이 있다. 재미로, 농담으로 하는 말들이 상대방에게 상처가 될 수 있다는 것을 알아차리지 못한다. 자신이 즐겁고 재미있기 때문에 상대도 즐겁고 재미있을 것이라 생각한다. 따라서 FC가 높은 사람들은 농담이라는 명분하에 상대방을 조롱하기도 하고 빈정대는 의사소통을 많이 사용하게 되고, 사람들과의 관계 맺음에 방해가 되기도 한다.

'더킹 투하츠'에서 항상 자기 멋대로이고, 하고 싶은 대로 해야 하는 이재하(이승기)는 북한 최고의 여군 이항아(하지원)에게 여자로서 약간의 끌림이 있었다. 그러나 남한 왕족이 북한 여군을 좋아하면 안 된다는 마음으로 일부러 자신의 감정을 속이고, 상대방의 기분을 생각지 않고 하고 싶은 말을 생각 없이 내뱉기도 한다. 그러나 자신은 상대방을 정말 힘들게 하려고 하는 것이 아니라 그저 농담으로, 재미로 하는 말들이 많다.

- 너네 잘하잖아. 그런 건 너네 전문이잖아. 아냐? (빈정거림)
- 너, 여자 아냐. 너 여자인 줄 알았어? 아냐. 넌 여자 같은 남자야. (조롱)
- 야, 야, 너 그게 뭐냐? 예뻐 보이려고 화장했냐? 정말 웃긴다. (조롱)

마. AC의 의사소통 걸림돌

AC가 높은 사람은 자신의 욕구를 누르고 타인의 뜻에 따르려는 성격이 강해 의견을 분명하게 표현하기보다 우유부단함을 보일 수 있다. 열등감과 자기 비하 등이 있어서 의사소통에 문제가 생겼을 때 그것을 대화로서 풀려는 생각보다 감추고, 숨기는 경향을 보인다. 따라서 AC가 높은 사람은 회피와 폐쇄 아니면 혼자서 증오와 복수의 칼을 갈게 되고, 사람들과의 관계 맺음에 방해가 되기도 한다.

‘영광의 재인’에서 AC가 높은 서인우(이장우)는 조그만 잘못도 인정하지 못하며, 성공한 모습만을 위해 비난하고 협박하는 천상천하 유아독존인 그의 아버지 서재명(손창민)에 대해 자신의 감정이나 생각을 감히 드러내지 못한다. 다만 아버지에 대한 원망과 증오의 마음을 가지고, 부자간의 대화를 회피하려고 한다. 아버지에 대한 두려움과 원망, 열등감, 자기 비하 등은 그에게 ‘틱’이라는 신체화 증상으로 나타났으며, 사람들과의 원만한 교류를 맺기 어렵게 한다.

나는 어떤 자아가 높나요? 그래서 어떤 의사소통의 걸림돌에 자꾸 걸리나요?
내가 평소 사용하는 의사소통의 걸림돌을 적어보고 그것이 어떤 자아로부터 비롯된 것인지 생각해봅시다.

번호	의사소통 걸림돌	관계된 사람	내용
1			
2			
3			
4			
5			
6			
7			
8			
9			

교류분석의 스트로크

　　스트로크는 한 인간이 다른 인간에게 주는 자극 중에서 특정한 형태를 갖는 자극을 말한다. 스트로크는 인간의 생존에 필수적이기 때문에 스트로크의 교환은 인간들이 행하는 가장 중요한 활동 중 한 분야를 차지한다(『교류분석개론』, 송희자).

　스트로크는 승인을 하거나, 애정을 쏟거나 주목하는 상대방의 '존재'를 인정하는 행위이며, 그 행위는 한 사람이 심리적으로 성장할 수 있도록 해주는 밑거름이다. 말 한마디, 작은 행동 하나가 자신을 OK로 보고, 세상을 OK로 보는 건강한 사람을 키워낼 수도 있지만 반대로 말 한마디, 작은 행동 하나가 자신과 세상을 Not OK로 보는 심리적으로 병약하거나 정신적으로 취약한 사람을 키워낼 수도 있다.

　Berne은 모든 인간은 왕자와 공주로 태어난다고 말한다. 다만 우리가 부정적 언어 스트로크로써, 부정적 신체 스트로크로써 왕자와 공주를 못생긴 개구리로 만들어버린다. 우리의 자녀를 개구리로 만들어버릴 수 있는 의사소통은 이미 살펴보았다. 비난, 명령, 욕, 훈계, 위협 등 이 모든 언어 습관이 부정적인 언어 스트로크의 예이다. 사실 이것은 부정적 스트로크를 넘어서 현실에 대한 왜곡을 내포하며, 누군가를 경멸하고, 왜곡하고 비난하는 디스카운트라고 보는 것이 더 정확할 것이다. 부정적 스트로크와 달리 디스카운트는 건설적으로 행동을 하는 방법에 대해 알 수가 없다. 디스카운트는 대상 자체에 대한 왜곡에 의한 것이므로 해답을 제공할 수 없다. '너는 항상 답을 제대로 하지 못하는구나'가 부정적 스트로크라면 '아는 것이 하나도 없군!'은 디스카운트가 되는 것이다. 때리거나, 밀치거나, 쥐어박기 등은 부정적인 신체 스트로크다. 사랑해, 너 뿐이야, 정말 사랑스러워, 고마워 등은 긍정적인 언어 스트로크의 예가 될 수 있으며, 안아주거나, 가볍게 뽀뽀해주거나, 머리를 쓰다듬어주는 것 등은 긍정적인 신체 스트로크의 예이다. 무심코 내뱉는 습관화된 언어나 행동으로 우리의 자녀를 왕자와 공주로 키워낼 수도 있으며, 어느 순간 개구리로 만들어버릴 수 있음을 명심하며 언어나 행동에 대한 현명한 선택을 해야 할 것이다.

우리는 '해와 바람'의 동화 이야기를 잘 알고 있다. 나그네의 옷을 먼저 벗긴 것은 거세고 매서운 바람이 아니라 따뜻하고 부드러운 햇살이었다. 부모의 비난과 명령, 훈계, 위협, 경멸, 무시, 욕설, 때리기, 밀치기 등의 부정적인 스트로크는 분노, 우울, 충동성, 짜증 등의 심리 상태에 있는 우리 자녀의 마음을 열지 못한다. 오히려 점점 더 그들은 마음의 문을 닫고 어느새 못생긴 개구리 모습으로 변해갈지 모른다. 굳게 닫혀 있는 마음의 문을 열 수 있는 것은 격려, 지지, 경청, 타협, 수용과 존중, 안아주기, 쓰다듬기 등의 햇살 같은 긍정적인 스트로크일 것이다. 긍정의 스트로크를 받고 자라는 아이들이 성인이 되어서도 타인과의 관계에서 긍정의 스트로크를 베풀 수 있으며, 공주와 왕자의 모습으로 살아갈 것이다. 타인과의 관계에서 과연 어떤 스트로크를 선택하는 것이 현명한 것인지 통찰이 필요하다.

1. 공주와 왕자의 존재를 위한 스트로크

가. 격려하기

　　조금 부족하거나 만족스럽지 못한 선택을 할지라도 비난보다 격려를 보낸다는 것은 다시 시작할 수 있는 용기와 자신감을 준다는 것을 의미한다.

나. 경청하기

　　상대방의 말을 잘 들어준다는 것은 그 사람을 공감한다는 것이며, 존중한다는 마음의 표현이다. '그랬구나', '맞아' 등의 추임새나 고개 끄덕임, 미소, 눈 맞춤 등으로 경청하고 있다는 것을 보여주는 것은 중요하다.

다. 수용하기

　　상대를 있는 그대로 받아들이고 수용해준다는 것은 신뢰로운 관계 형성을 위해 필요한 것이며, 진실된 대화의 시작을 의미한다.

라. 믿어주기

　　상대를 믿어준다는 것은 잠깐 방황의 길을 걷고 있는 자녀나 학생들에게 다시금 제자리로 돌아와야 하는 목표가 되어주는 것이며, 삶의 방향을 제시해주는 것이다.

마. 지지하기

신뢰로운 관계를 위한 지지하기는 상대방에게 완전한 내 편이 있다는 믿음을 줄 수 있으며 마음을 열 수 있는 기회를 제공해준다.

바. 존중하기

존중 또한 믿음을 바탕으로 하는 것이며, 사람을 변화시킬 수 있는 힘을 가진다. 존중받는 사람은 결코 함부로 행동하지 않으며 자신의 행동에 책임질 수 있다.

사. 불일치 타협하기

불신과 불일치를 극복하고 양보하며 타협하는 자세는 원만한 관계 맺음을 위해 필요하다. 고집과 일방적인 주장이 아니라 협조하고 타협할 수 있는 여유로운 마음이 필요하다.

아. 쓰다듬기

쓰다듬기는 긍정적인 신체 스트로크의 대표적인 예이다. 열심히 노력하는 삶에 대한 동기를 유발하고, 자신과 타인에 대한 'OK' 인생관을 가질 수 있도록 따뜻하게 쓰다듬어 주는 것이 필요하다.

자. 안아주기

사랑받고 있다는 믿음은 공주·왕자의 존재를 유지시켜 나갈 수 있게 하는 긍정의 스트로크다. 가벼운 포옹, 뽀뽀, 어깨 두들겨주기 등의 긍정의 스트로크 실천은 우리 자녀가 못생긴 개구리가 되는 것을 막아주며 'OK' 인생태도로 타인을 사랑할 수 있도록 한다.

2. 관계지향적인 대화가 될 수 있는 의사소통

가. 공감해주기

상대방의 행동이나 말을 무비판적으로 받아들이고 수용하며, 그들의 마음과 처한 상황을 공감해줄 수 있어야 한다. 대화가 진행되면서 올바른 방향으로의 선도나 코칭이 필요한 것은 사실이지만 대화의 시작에서는 반드시 공감이 필요하다.

현실적으로 쉽지는 않지만 그래도 대화를 이끌어나갈 수 있으려면 일단은 위 예문과 같이 상대방이 공감받고 있다는 것을 느끼게 해주어야 한다. 만약 이런 경우 성적이 내려갔다고 조심스럽게 말하는 자녀에게 "네가 항상 그 모양이지 뭐. 기대도 안 했어" 또는 "그걸 성적이라고 받아와서 내미는 거야? 보기 싫으니까 저리가!" "너, 도대체 커서 뭐가 되려고 그래? 그래 가지고 고등학교는 가겠니?"라고 말해버린다면 자녀는 "엄마는 항상 그래" 또는 "그럴 수도 있죠. 했는데도 안 되는 걸 어떻게 해요?"라고 말하고 방으로 들어가 버릴지도 모른다. 이런 상황은 문제에 대한 해결책을 제시할 수 없으며, 관계까지 망치는 결과를 초래할 것이다. 따라서 마음을 여는 대화를 이끌어가기 위해 공감으로 시작하는 대화가 필요하다.

나. 경청하기

상대와 대화를 할 경우에는 바쁜 일이라 할지라도 잠시 멈추고 상대와의 눈맞춤을 해야 한다. 상대는 열심히 말을 하는데 다른 일을 하면서 건성으로 듣는다면 오래가지 않아 "너, 내 말 듣고 있는 거야?" 또는 "대화하는데 뭐 하고 있는 거야?" "내말, 듣기 싫어?" 등으로 반응할 것이다. 상대의 말을 들으면서 "아, 그랬구나", "그래, 맞아" 또는 고개를 끄

덕끄덕 해주는 등으로 상대의 말에 귀 기울이고 있다는 것을 보여주어야 한다. 그래야 상대방은 신뢰로움을 가지고 자신의 마음을 열수 있는 기회를 가지게 될 것이다. 만약 경청할 수 없는 상황이라면 "아, 미안한데 지금은 내가 너무 바빠서 대화하기가 힘들 것 같구나. 이것만 끝내면 너와 이야기 나눌 수 있으니 조금만 기다려 주겠니?"라고 양해를 구하는 것이 듣는 둥 마는 둥 하며 성의 없는 대화를 하는 것보다 훨씬 더 바람직하다.

다. 개방적 질문하기

"너, 집에 늦게 들어온 것을 보니 또 피시방 갔었지?" 또는 "학생부에 불려온 걸 보니 또 일 저질렀구나?", "기분이 별로인 걸로 봐서 너 또 시험 망쳤지?" 등의 질문은 상대가 "예", 또는 "아니요"라고 답할 수 있는 폐쇄적 질문이다. 관계가 원만하고 외향적인 사람들은 폐쇄적인 질문이 크게 문제가 되지 않을 수도 있지만 사춘기의 반항적인 학생들이나 내성적인 사람들은 상대의 질문에 "예" 또는 "아니요"라고만 짧게 말하고 대화를 끝내버릴 수 있기 때문에 자신의 상황을 이야기할 수 있는 개방적 질문을 사용하는 것이 대화를 이끌어나가기에는 더 바람직하다.

또한 폐쇄적 질문은 상대의 행동이나 말에 대한 비난이나 책임추궁처럼 받아들여질 수 있기 때문에 관계 지향적인 대화를 위해서라면 개방적 질문을 사용하는 것이 바람직하다. 다만 어떤 사실이나 상황 또는 정보에 대해 확인이 필요할 경우에는 폐쇄적 질문을 쓸 수 있다. "그러니까, 네 말은 어제 다른 학교 친구들한테 맞았다는 말이지?", "너희 집 주소가 충남 천안시 용곡동 맞니?" 등이 그 예가 될 수 있다.

라. 감정 반영하기

대화하는 상대가 말하는 내용에 대해 분석하고 평가하는 것이 아니라 그 사람의 마음을 읽어주는 것이다. 그 사람이 느끼고 있는 감정을 읽어줌으로써 잘 모르고 있던 자신의 감정을 들여다볼 수 있다. 가령 친구들 앞에서 공개적으로 야단을 맞은 자녀가 선생님 욕을 하면서 화를 낸다. 그때 그 자녀는 자신의 선생님에 대한 분노, 화의 감정에 대해서만 느끼고 있지만 그때 "친구들 앞에서 선생님이 공개적으로 야단을 쳐서 네가 조금 부끄러웠겠구나"라고 부끄러운 감정을 읽어주면 그 자녀는 자신의 감정이 분노가 아니라 부끄러움이라는 것을 통찰하게 된다. 그리고 가려운 곳을 찾아 긁은 듯한 시원함을 느낄 수 있다.

마. 재진술하기

대화를 하다 보면 상황 설명을 장황하게 하면서 원래 말하려고 했던 요점을 놓칠 때가 있다. 또는 말하고자 하는 내용을 본인이 잘 이해했는지 확인해볼 필요가 있다. 그럴 경우 "그러니까, 네 말은 ~했다는 말이지?"라고 확인할 수 있다. 너무 자주 쓰면 "왜 자꾸 내 말을 따라 해요?"라고 앵무새처럼 느낄 수 있기 때문에 적절하게 사용하는 것이 필요하다.

바. 대화의 기본 "나 전달법"

우리는 대화를 할 때 "너, 왜 그래?", "넌 왜 매일 TV만 보니?", "당신은 항상 늦어", "너, 그만해", "너, 저리 가", "너 때문에 못 살겠다" 등 '너 전달법'을 많이 사용한다. 너 전달법은 잘못하면 상대방에 대한 비난이나 평가가 들어갈 수 있어 듣는 사람의 마음을 상하게 하는 경우가 많다. 비난이나 평가 없이 상황을 설명하고 그 상황이 나에게 미친 영향과 내 감정을 말하고 그래서 내가 원하는 것이 무엇인지 요청하는 시스템을 갖춘 것이 '나 전달법'이다. 나 전달법의 구조를 보고 그 구조를 그대로 따라 할 필요는 없지만 나 전달법의 핵심을 생각해서 말을 하는 것은 중요하다.

예를 들어 매일 양말을 거꾸로 벗어놓는 아들에게 "넌 왜 항상 양말을 이렇게 거 꾸로 벗는 거야?"라고 말하는 상황을 가정해보자. 아들은 아마도 화를 내며 "내가 언제 매일 그랬어요?"라고 반응할 것이다. "그럼 매일이지 아냐?"라고 다시 말할 것이고 이에 아들은 "엄마는 매일 나만 보면 그래"라고 화내고 방으로 들어가 버릴 것이다. 아들의 반응에 엄마는 "너, 지금 태도가 그게 뭐야? 이리 나오지 못해?"라 고 화를 내며 다음 상황을 예측할 수 있는 행동을 할 것이다.

'너 전달법'은 모두를 불쾌하게 만들 뿐 상황을 해결해주지는 못한다. "네가 양말 을 이렇게 거꾸로 벗어놓으니까 엄마가 퇴근 후 쉬고 싶은데 양말을 바로 해야 해 서 너무 힘들고 속상하구나. 엄마는 네가 양말을 제대로 좀 벗어줬으면 좋겠어"라 고 말하는 것이 문제 해결에 도움이 되는 '나 전달법'을 활용한 것이다. 또 다른 예 는 매일 술 먹고 늦게 들어오는 남편에게 "당신은 왜 매일 술만 먹고 늦게 다녀? 당신, 가장 맞아?"라고 비난해봐야 행동의 변화를 기대하기 힘들다. 변화는 고사 하고 부부싸움만 하게 될 가능성이 높다. "당신이 매일 술을 먹고 늦게 들어오니 까, 가장인 당신이 건강을 해치지 않을까 걱정이 되어서 내가 조금 슬퍼지려고 해. 나는 당신이 일주일에 몇 번이라도 술 마시지 않고 일찍 들어왔으면 좋겠어"라고 나 전달법을 쓴다면 한두 번 만에 행동의 변화를 기대하기는 힘들겠지만 적어도 부부간의 관계는 깨지지 않을 것이다. 그리고 나 전달법이 지속될 때 상대의 변화도 가능해질 것이다. 나그네의 옷을 벗긴 것은 세차고 매서운 바람이 아니라 따사로운 햇살이었던 것과 같다고 볼 수 있다.

3. 인정자극의 유의사항

A: 자기야, 사랑해.
B: (시큰둥하게) 징그럽게 왜 이래?

A: (배꼽인사를 하며) 선생님, 안녕하세요?
B: (한 번 쳐다보고 고개 돌리며) 그래.

A: 어머, 반가워요. (환하게 웃으며 손을 잡고) 정말 오래간만이에요. 잘 지내셨죠?
B: (무표정으로) 아, 예~.

위 대화를 보면 분명 어느 한쪽에 무게 중심이 쏠리는 것을 느낄 수 있다. 즉, 공평한 인사나 대화가 아니라 양과 질에 있어서 차이가 있는 불공평한 인사나 대화 나눔이다. 많은 양과 질적으로 좋은 스트로크로 자극을 보냈다면 비슷한 양과 질의 스트로크로 반응을 보여야 기분 좋은 대화가 이루어질 수 있을 것이다. 한쪽이 손해 보는 듯한 느낌을 받았다면 양과 질에서 차이가 있는 스트로크를 교환한 것이다. 양과 질에서 차이 나는 대화는 지속되기 힘들며 손해 본다고 느낀 사람은 그 상대에 대한 스트로크를 철회할 가능성이 높다.

스트로크의 양과 질만큼 중요한 것은 타이밍이다. 우리 집을 방문한 손님에게 인사를 하지 않고 다과를 즐기다가 어느 시점에선가 "안녕하세요?"라고 인사하면 부적절한 상황이 연출되는 것처럼 스트로크를 주고받는 타이밍도 중요하다. 가령, 부주의하게 뛰어다니며 음료를 마시던 아이가 이불에 음료를 쏟았는데 그때 마침 기분 좋은 일이 있었던 터라 아이를 이해하고 넘어갔다. 그러나 그날 저녁 배우자와의 싸움 끝에 화가 나 있는 상태에서 아이를 쳐다보니 아침에 있었던 사건이 생각났다. "너 때문에 내가 아침에 얼마나 힘들었는지 아니? 너는 항상 조심성이 없어” 하고 그때서야 화를 낸다면 스트로크의 타이밍이 적절하지 못한 것이다. 학교 시험에서 나름 성적을 올린 아이가 시험지를 보여줄 때, “아! 잘했네. 고생했어”라고 질과 양과 타이밍이 적절한 스트로크를 주지 않는다면 그들은 스트로크를 받기 위한 다른 행동을 하게 될지도 모른다.

　　스트로크를 사용할 경우 주의해야 할 것이 또 있다. 모조 스트로크(counterfeit stroke)와 Berne이 말한 마시멜로 뿌리기(marshmallow-throwing)가 그것이다. “넌, 참 예쁜 것 같아. 성격이 조금 내성적이고 부정적인 것만 빼면”이라든지, “사랑해. 하지만 가끔씩은 얄미울 때가 있어”와 같이 긍정적인 스트로크를 주는 것처럼 보이지만 결국은 다시 회수해버리는 것이 모조 스트로크다. 반대로 과장된 긍정의 스트로크가 있다. 별로 친하지도 않고 잘 모르는 사람이 “어머, 정말 만나서 영광이에요. 살면서 당신 같은 사람을 만났다는 것이 얼마나 행복한지 몰라요. 실력도 있으신데 또 아름답기까지 하시니 너무 부러워요”라고 한다면 기분이 좋기보다는 왠지 부담스럽고 그만하면 좋겠다고 생각할 것이다. Berne은 이것을 ‘마시멜로 뿌리기’라고 불렀다.

4. 스트로크 경제 법칙 깨뜨리기

서로 행복해지기 위해서는 긍정적 인정자극을 교환하는 것이 중요하다는 것을 알면서도 현실적으로 그것을 실행하기는 매우 어렵다. 미국의 정신과 의사이며 뛰어난 교류분석 연구자인 클로드 스타이너(Claude Steiner) 박사는 그것은 우리가 스트로크 경제의 법칙에 얽매여 있기 때문이라고 지적하고 있다(『교류분석 프로그램』, 우재현). 주어야 하는 스트로크가 있어도 타인에게 주어서는 안 된다. 원하는 스트로크가 있어도 요구해서는 안 된다. 원하는 스트로크가 오더라도 받아들여서는 안 된다. 원치 않는 스트로크가 올 때 거부해서는 안 된다. 자신에게는 스트로크를 주어서는 안 된다는 것이 스트로크 경제 법칙이다. 진정한 행복을 느끼며 살아가려면 이 법칙부터 깨뜨려야 한다는 것이다. 스트로크 경제 법칙을 깨뜨린다는 것은 다음의 새로운 법칙을 실천한다는 것을 의미한다.

가. 주어야 할 스트로크는 주자

누군가가 도움을 주었을 때 "정말 고마워", 어느 날 무미건조한 일상을 깨뜨리기 원하는 배우자에게 "사랑해", 김장을 해주신 시어머니에게 "고맙습니다" 또는 성적표를 내밀며 칭찬을 갈구하는 자녀에게 "잘했네. 고생 했어" 등 주어야 할 스트로크를 주는 것은 중요하다.

나. 원하는 스트로크를 요구하자

스트로크를 간절히 바라며 주지 않은 상대에게 알아서 스트로크를 주기만 바라고 있다면 불만은 쌓여가고 급기야 둘의 관계가 어려워질 수 있다. 차라리 받고 싶은 스트로크를 말해서 받을 수 있다면 쓸데없는 곳에 에너지를 쓰는 일이 없을 것이다. 가령, 집안일에, 직장 일에 힘들었다면, 그래서 누군가에게 그것을 인정받기를 원한다면 "나, 직장 일 하면서 집안일 이 정도로 해내는 거 대단하지 않아? 한 번 정도는 '수고했어'라는 말을 당신한테 듣고 싶어"라고 표현해볼 수 있을 것이다.

다. 원하는 스트로크는 받아들이자

우리나라 사람들은 '겸손의 미덕'에 대한 교육 탓인지 칭찬에 대해 잘 받아들이지 못하는 경향이 있다. "You're so pretty"에 대해 "Thank you"라고 답하는 서양에 비해 우리는 "정말 아름다우세요"라고 하면 "에이, 아니에요. 당신이 더 아름다우세요" 또는 "옷이 너무 예쁘네요"라고 하면 "싼 옷이에요. 진짜 싸게 샀어요"라고 자극에 대한 부적절한 반응을 하는 경우도 있다. "아! 네, 감사합니다. 당신도 아름다우세요" 또는 "고맙습니다. 싼 옷인데 칭찬해주시니 기분이 좋아지네요"라고 반응하는 것이 스트로크에 대한 적절한 반응이다. 스트로크가 왔을 때 받아들일 줄 아는 사람이 스트로크를 줄 수도 있다는 것을 기억해야 한다.

라. 원하지 않는 스트로크는 거부하자

친구가 자꾸 "넌 너무 내성적이야"라는 말을 반복한다고 하자. 한두 번 들을 때에는 몰랐는데 시간이 갈수록 듣기가 싫다. 그땐 어떻게 해야 할까? 듣기 싫은 말을 계속 듣고 있기보다는 "이제 그 말 안 했으면 좋겠어"라고 거부할 수 있어야 한다. 또한 친하지 않은 사람이 자꾸 말을 할 때 손으로 머리를 가볍게 쓰다듬듯이 흔드는 경우 그것을 원하지 않는다면 "그러지 않았으면 좋겠어요. 조금 불편하네요"라고 거부할 필요가 있는 것이다.

마. 자신에게도 스트로크를 주자

개그맨 강호동이 '황금어장'과 '강심장' 등에서 MC를 볼 때, 가끔씩 본인이 진행을 잘했다고 스스로 느껴질 때, 또는 명언 같은 것을 인용해 자신이 대견스럽게 느껴질 때 자신의 머리를 쓰다듬고, 손에 뽀뽀하며 "어, 정말 장해. 정말 잘했어. 정말 훌륭해"라고 말하는 것을 본 적이 있을 것이다. 우리에게 웃음을 자아냈던 행동들이었지만 자신에게 스트로크를 주는 바람직한 행동이라 할 수 있다. 자신에게 얼마나 많은 스트로크를 주고 있는가에 대해 생각해볼 필요가 있다. 직장생활에, 집안일에 조금은 지쳐 있는 자신에게 꽃다발을 선사해보는 일, 계속되는 실수나 실패에 의기소침해진 자신에게 "괜찮아. 다 잘 될 거야. 넌 할 수 있어"라고 힘이 되는 말을 하는 일, 설거지 하는 것이 귀찮아도 '난 소중하니까'라는 생각으로 제일 예쁜 컵에 커피를 마시는 일 등은 스스로를 귀하게 여기며 자신에게 스트로크를 주는 바람직한 행동들이다. 나 자신에게 스트로크를 줄 수 있는 사람이 진정으로 타인에게도 스트로크를 줄 수 있으며, 나 또한 스트로크를 받을 수 있는 것이다. 나 자신에게도 주지 못하는 스트로크를 누구에게 바랄 수 있을 것인가?

5. 스트로크가 부족하거나 결핍될 때 가능한 부적응 행동

긍정의 스트로크를 전혀 받지 못하고 성장하게 되면 부모나 양육자들에게서 부정적인 스트로크라도 받기 위해 몸부림 칠 수 있다. 인정욕구를 가진 인간은 이왕이면 긍정적인 인정욕구를 바라지만 긍정의 인정욕구가 오지 않을 경우 무관심보다는 부정의 인정욕구를 통해서라도 자신들의 존재를 드러내고자 하기 때문이다. 부모의 관심 밖이라고 생각했던 자녀가 남의 물건을 훔치면서 부모의 체벌이 있었다면 자녀는 부모의 관심을 끄는 데 성공했다고 생각할 수 있다. 그 뒤부터 자녀는 부모의 관심을 끌기 위해 삶에 부적응하는 모습을 보일 것이다. 스트로크가 부족하거나 결핍되었을 때 다음과 같은 다양한 부적응 행동을 보일 수 있다.

가. 소비형

메이커나 명품으로 자신을 드러내려는 행위이다. 내면의 부족함을 감추거나 대신하기 위해 겉모습을 화려하게 치장한다. 그렇게 하지 않으면 사람들의 관심을 끌 수 없다고 생각하기 때문이다.

명품으로 자신을 치장하는 '애정만만세'의 변주리가 대표적인 소비형이다. 내면의 허전함과 무식함이 화려한 외모로 감추어진다고 생각하는 사람처럼 행동하고 다닌다. 그렇게 함으로써 사람들이 자신을 무시하지 않으며 인정하고 알아줄 것이라 생각한다. 또한 스스로도 자신의 부족함을 명품으로 보상받으려 하며 위로받고 허전함을 채워나간다.

또한 '샐러리맨 초한지'의 비서실장 모가비(김서형)가 수단과 방법을 가리지 않고 회장직에 올랐을 때 자신의 불안함과 주위 사람들로부터의 무시를 피하기 위해 비싼 명품 그림을 사고, 명품 옷을 걸치면서 자신을 드러내고자 했던 것도 스트로크 부족에서 오는 소비형의 한 모습이다.

나. 구애형

선물 공세를 펼쳐 이성의 관심을 끌려 하거나 물건으로 남의 마음을 사로잡으려 한다. 자신의 외모를 치장해 관심을 끌려는 소비형과는 달리 다른 사람들에게 베풀면서 관심을 받으려는 것이다.

자신에게 보여줄 것이 아무것도 없다고 생각하기 때문에 비싼 선물이나 명품으로 상대방의 관심을 끌며 그 선물과 자신의 평가가 동일시될 것이라 생각한다.

다. 가출

독립을 가장해 학교에서의 무단결석, 가정에서의 가출이라는 부적응을 선택한다. 이렇게 해야 부모나 양육자의 관심을 끌 수 있다고 생각한다. 또한 이런 행동을 통해 부모, 양육자, 주위 사람들의 관심 정도를 확인할 수 있을 것이라는 생각이 내면에 깔려 있다. 즉, 자신들의 존재를 드러내는 행동으로 선택한 것이 가출인 것이다.

라. 성인 모방형

음주, 흡연, 성행위 등 성인 행동을 모방하는 것으로 자신의 힘 내지 성장을 과시하고자 한다. 자신에 대한 Not OK의 열등감을 감추고, 오히려 OK인 것처럼 보이기 위해 노력한다.

마. 괴행형

상황에 맞지 않는 괴이한 웃음소리, 괴성, 특이한 옷으로
주의의 관심을 끌려 한다. 자신의 존재감을 드러내고 다른
사람들의 관심을 끌고자 선택하는 행동이 다소 부적합하고
부적절해 보인다.

바. 중상형

항상 타인을 욕하고, 흉보거나 중상함으로써 자신이 그 위
에 서려고 한다. 다른 사람의 관심을 끌기 위한 방법으로 선
택된다. 특히 경쟁이 될 만한 타인이 자신보다 다른 사람들
의 관심을 끌어서는 안 되기 때문에 집중적으로 그를 공격
하여 욕할 수 있다.

'그래도 당신'에서의 강채린(왕빛나)은 나한준(김승수)을 차지하고, 사랑을 독차
지하기 위해 그의 마음속 여자 차순영(신은경)을 지워버리고자 차순영에 대한 중
상을 한다. 사람들에게 차순영이라는 여자가 얼마나 나쁘고 악독한지 그리고 얼마
나 차갑고 냉정한 여자인지를 알리기 위해 온갖 거짓과 계략을 꾸민다. 그리고 사
람들이 차순영에 대해 오해하도록 일을 꾸미며 자신을 피해자로 만들어 사람들의
동정을 얻어내고자 한다.

'패션왕'에서 신정아(한유이)는 자신의 경쟁상대인 이가영(신세경)을 이기기 위
해 '나쁜 여자 만들기'에 혈안이 된다. 이가영의 패션 실력(디자인)을 빼앗고, 그녀
에게 실력이 없음을 세상에 알리려 한다. 열심히 살아가는 그녀를 끝없이 모함하
며 사람들이 그녀에 대해 나쁜 이미지를 가지도록 거짓을 꾸며댄다.

또한 '내 사랑 나비부인'에서 윤설아(윤세아)가 이우재(박용우)의 사랑을 얻고 능
력을 인정받기 위해 남나비(염정아)를 끊임없이 곤경에 빠뜨리고 모함하는 것도
역시 같은 유형이다. 자신의 존재를 드러내고 다른 사람들의 관심을 얻어내기 위
해서는 남나비를 자신의 주변에서 제거해야 한다고 생각하고 '남나비 나쁜 사람 만
들기'에 열심이다. 그리고 남나비가 사람들에게 인정받지 못하도록 그녀의 모든 일
을 방해하며 주변 사람들에게 그녀의 무능력과 상대해서는 안 되는 악독한 성격의

소유자임을 알리기 위해 중상모략을 한다.

이 모든 행동이 스트로크 부족으로 인한 부적응의 한 유형이며 이는 사람들에게 관심받고 인정받기 위한 그들 나름의 몸부림인 것이다.

사. 도벽

경제수준과는 무관하게 작게는 필통에서 크게는 오토바이까지 훔쳐 관심받고자 한다. 이는 무스트로크에서 오는 부적응 형태이지만 때로는 엄격하기만 한 부모 밑에서도 나올 수 있는 유형이다.

아. 폭력형

자신의 힘을 과시하기 위해 폭력을 행사하거나 또래 폭력 집단을 형성한다. '영광의 재인'의 서재명, '착한 남자'의 안민영(김태훈), '더킹 투하츠'의 김봉구, '샐러리맨 초한지'의 모가비 등이 자신들의 완전함과 능력 또는 힘을 과시하기 위해 언어적·신체적 폭력을 행사하는 폭력형의 행동을 보인다. 이들의 공통점은 모두 어려서 제대로 된 스트로크를 받지 못하고 성장했다는 것이다. 사람들에게 관심과 사랑을 받으며 그들의 능력을 인정받고 긍정의 스트로크를 받는 일은 불가능이라 생각하고 포기했다. 사람들이 자신을 무시하지 않고, 자신의 존재를 알아주는 유일한 길은 '성공'이라 생각하고 성공하기 위해 수단과 방법을 가리지 않는다. 그래서 선택하게 되는 것이 사람들을 욕하고 폭력을 행사하며 필요하다고 판단될 때는 살인까지도 불사하게 된다.

자. 자학형

문신이나 자해 행위 또는 약물중독 등으로 자신을 드러내
려 한다. 보통 드라마 속 여자주인공들이 자신들을 사랑하
지 않고 다른 여자주인공에게로 가려고 할 때 손목을 긋거
나 약을 먹어 남자주인공들이 자신에게 돌아올 수밖에 없게
끔 만드는 일도 일종의 자학형이라 할 수 있다.

'그대 없인 못 살아'에서 이 자학형이 그려진다. 지은(소유진)은 현태(김호진)를
서인혜(박은혜)와 헤어지게 하고 다시 자신에게로 돌아오게 하기 위해 '자살'이라
는 것을 선택하게 된다.

'가족의 탄생'에서도 자학형은 그려진다. 부잣집 외동딸로 부족한 것 없이 원하
는 것은 모두 손에 넣고 자랐던 마예리(이채영)은 가난하고 보잘 것 없는 이수정
(이소연)에게 마음을 주고 있는 강윤재(이규환)의 마음을 돌리려는 최후의 수단으
로 약을 먹고 죽는 '자살'을 선택한 것이다.

죽고자 해서가 아니라 남자의 발목을 잡기 위해 선택한 방법이다. 결국 관심과
사랑을 얻어내기 위한 '스트로크 갈구'의 한 형태로서 스트로크의 부족에서 오는
부적응 행동이다.

차. 향락형

오토바이 폭주를 통해 짜릿함을 느끼거나 말초신경을 자
극하는 행동을 한다. '샐러리맨 초한지'의 백여치, '드라마
제왕'의 강형민 등이 향락을 통해 자신들의 존재를 드러내며
살아 있음을 느끼곤 한다. 그런 과도한 행동들을 통해 살아
있음을 확인한다.

✏️ 평소에 자신이 쓰고 있는 스트로크를 점검해봅시다. 긍정적인 것과 부정적인 것을 다 함께 적어봅시다. 혹시 생각나는 것이 없다면 앞으로 사용하고 싶은 스트로크와 상대를 적어보세요.

	스트로크 종류	관련된 사람	스트로크 내용	상대의 반응	자신의 기분
예	쓰다듬기	아들	아들이 학교 등교할 때 현관에서 쓰다듬기	안기기	행복함
긍정적 스트로크					
부정적 스트로크					

✏️ 지금까지 타인과의 교류에서 받았던 강렬했던 긍정의 스트로크 또는 부정의 스트로크를 적어보세요.

	상황	관계된 사람	스트로크 종류	자신의 기분
긍정적 스트로크				
부정적 스트로크				

🖍 나 전달법을 연습해봅시다.

① 부부 대화

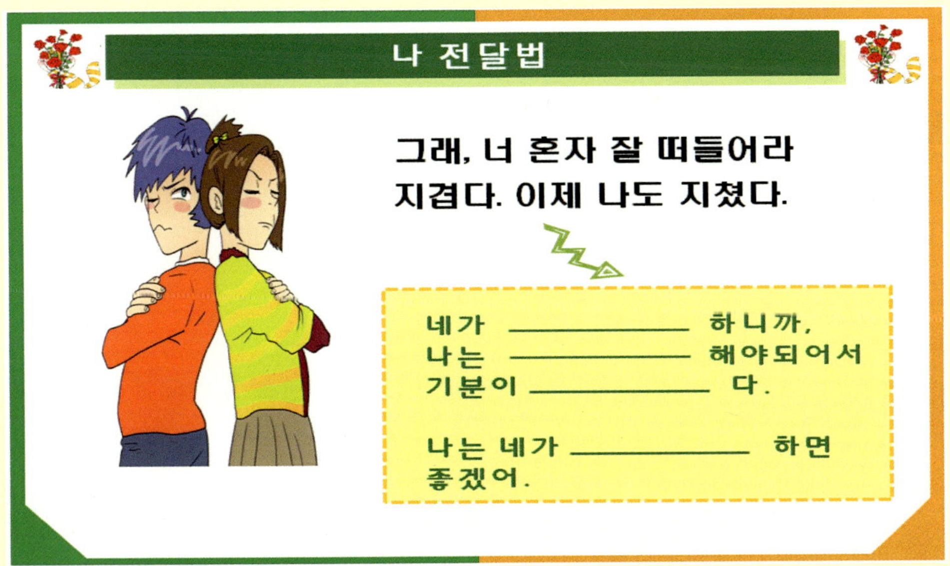

② 부자 대화

이야기

1. 시간의 구조화

당신은 잠자는 시간을 제외한 나머지 시간을 어떻게 보내고 있는가? 친구들과 함께 수다를 떨기도 하고, 직장에서 일을 하며 또는 성당에서 미사를 보기도 하고, 친한 사람들과 친밀을 나누기도 한다. 이렇게 내가 잠자는 시간을 제외하고 나머지 시간을 누구와 어떤 일을 하면서 어떻게 보내느냐 하는 것이 시간의 구조화이다. 타인과의 관계 내지 교류를 통해 내가 필요로 하는 스트로크를 채워 나간다. 그러나 원하는 스트로크가 채워지지 못할 경우 그 스트로크를 얻기 위해 시간을 구조화해 나간다. 가령, 그다지 친하지 않은 사람들을 만나 수다를 떨면서 시간을 보내기도 하고, 아무 의미 없이 미사나 예배와 같은 의식에 참여하기도 하고, 이런 일에 자신이 없을 경우 아예 타인과의 심리적 고립을 선택해 혼자 시간을 보내기도 한다. 교류분석에서는 이러한 시간의 구조화를 6가지로 설명하고 있다.

가. 폐쇄

타인과의 관계에서 스트로크를 얻는 것에 계속 실패하고 학습된 무기력에 빠진 사람은 더 이상 스트로크를 얻는 것을 포기하고 심리적으로 타인을 거부하게 된다. 신체적으로 타인을 떠나 혼자 시간을 보냄으

로써 스트로크를 얻고자 하는 시간의 구조화 방법이다.

'영광의 재인'에서 서인우는 아버지 서재명에게 원하는 스트로크를 받지 못하고 오히려 비난을 받아 두려운 나머지 아버지의 눈이 닿지 않는 곳에 숨으려 한다. 아버지와 만나 대화를 통해 무엇인가를 설득하고 자신이 원하는 것을 얻고자 하기보다 아버지로부터 멀리 있으면서 피하려 하는 것이다. 그리고 가장 힘든 순간에는 아무도 없거나 자신을 찾지 못하는 곳에 숨어서 홀로 시간을 보낸다. 아버지에게서 얻지 못했던 스트로크를 다른 사람들에게서 받을 수 있다고 생각하지 않는다. 좋아하는 사람에게서 스트로크를 얻고 싶었으나 얻는 방법을 몰라 혼자만의 공간으로 빠져들게 된다.

나. 게임

P, A, C에 의한 이면교류가 정형화된 것으로 조금은 삐뚤어지고, 왜곡된 형태로 스트로크를 얻고자 하는 사람들의 시간 구조화 방법이다. 교류분석에서의 게임은 심리적 게임으로서 대화 후 적어도 한 사람 또는 두 사람 모두 불쾌한 감정을 가질 수 있는 특징을 지닌다. Bern은 심리적 게임을 '명료하고 예측 가능한 결과를 향해 진행해가고 있는 표면상 상보교류지만 내면적으로는 겉과 속이 다른 이면적 교류'라고 정의했다. 예측할 만한 결과란 마음의 부정적인 심리적 청산으로 게임의 실제적인 목표가 된다. 게임은 A자아의 자각 외적으로 이루어지며 의식적이기보다 무의식적으로 이루어진다. 그리고 게임이 끝날 무렵 '아! 이런 일이 또 일어나다니……'라고 의식하게 된다. 게임의 마지막 단계에서는 언제나 모든 사람이 라켓감정을 경험한다.

다. 잡담

비교적 간단한 상보교류의 일종이다. 골프 연습장에서 우연히 만난 사람에게서 골프 레슨을 받다 어느새 골프 연습은 중단되고 앉아서 이런저런 이야기를 나누게 된다. 또 혼자 떠난 여행지에서 만난 사람과 어느 곳이 가볼만한 곳인지, 자신이 여행했던 곳 중에 가장 인상 깊었던 곳이 어디인지 자연스럽게 대화가 지속되기도 한다. 이러한 잡담 속에서 친밀로 갈 수 있는 기회가 마련되기도 하고, 때로는 다음에 게임의 대상이 될 인물이 만들어지기도 한다.

라. 의례

전통이나 관습 등에 의해 프로그램화된 단순하고 정형화된 교류이다. 관계 속에서 친해지는 일은 거의 없지만 인간관계 유지를 위한 최소한의 스트로크를 제공해줄 수 있는 시간 구조화 방법이다. 폐쇄는 스트로크를 포기하고 타인들과의 심리적 멀어짐을 선택하지만 의식은 최소한의 스트로크를 얻고자 노력하는 면이 있어 때때로 인간관계에 대해 촉진제 역할을 하기도 한다. 즉, 사이가 조금 어색하고 불편했던 사람의 경사(결혼, 입학식, 졸업식 등)나 애사(장례 등)에 참여함으로써 그 사람과의 관계를 회복시켜주기도 하기 때문이다. 따라서 의식은 현상유지 또는 대인관계의 촉진제 역할을 할 수 있는 시간 구조화 방법이다.

마. 활동

적극적인 교류의 한 방법이다. 어떤 일을 함으로써 스트로크를 얻고자 하는 많은 사람이 사용하고 있는 시간의 구조화로서 생산적이고 창조적이며 성취감을 가져다줄 수 있다. 일을 통해 자기만족을 느끼기도 하고, 가족을 부양해 존경을 받기도 한다. 다른 사람은 생각하지 못한 일을 해냄으로써 독창성과 창조성을 인정받기도 하고, 열심히 공부해 부모와 선생님께 칭찬을 받기도 한다. 활동은 스트로크를 얻기 위해 적극성을 지니며 많은 사람에게 살아가야 하는 의미를 부여하고 목표를 가지게 한다. 따라서 사람이 활동으로 시간을 구조화하지 못하면 무기력해지거나 자신감을 상실하거나 우울해지기도 한다.

바. 친밀

　시간의 구조화 중에서 가장 바람직한 방법이다. 서로에 대한 믿음과 배려가 바탕에 깔린 상보교류이다. P, A, C자아를 자유로이 쓰면서도 서로가 '나'와 '타인'에 대해 OK의 태도를 지녀야 가능한 교류이기 때문에 서로는 이 시간의 구조화를 통해 불쾌감을 느끼기 어렵고 유쾌함과 즐거움을 느낄 수 있다. 상대를 왜곡하거나 조작하는 게임과는 다르기 때문에 서로 안심하고 즐길 수 있으며, 이 관계에서는 적당한 충고나 조언은 거부되기보다 받아들여질 가능성이 높다. 이미 신뢰가 바탕에 깔린 참 만남이 이루어졌기 때문이다.

하루 일과를 잘 생각해보고 다음 페이지 예시를 보면서 자신의 시간 구조화를 그려보세요.
시간을 어떻게 구조화해 나가는 것이 가장 바람직한 것인지 생각해봅시다.

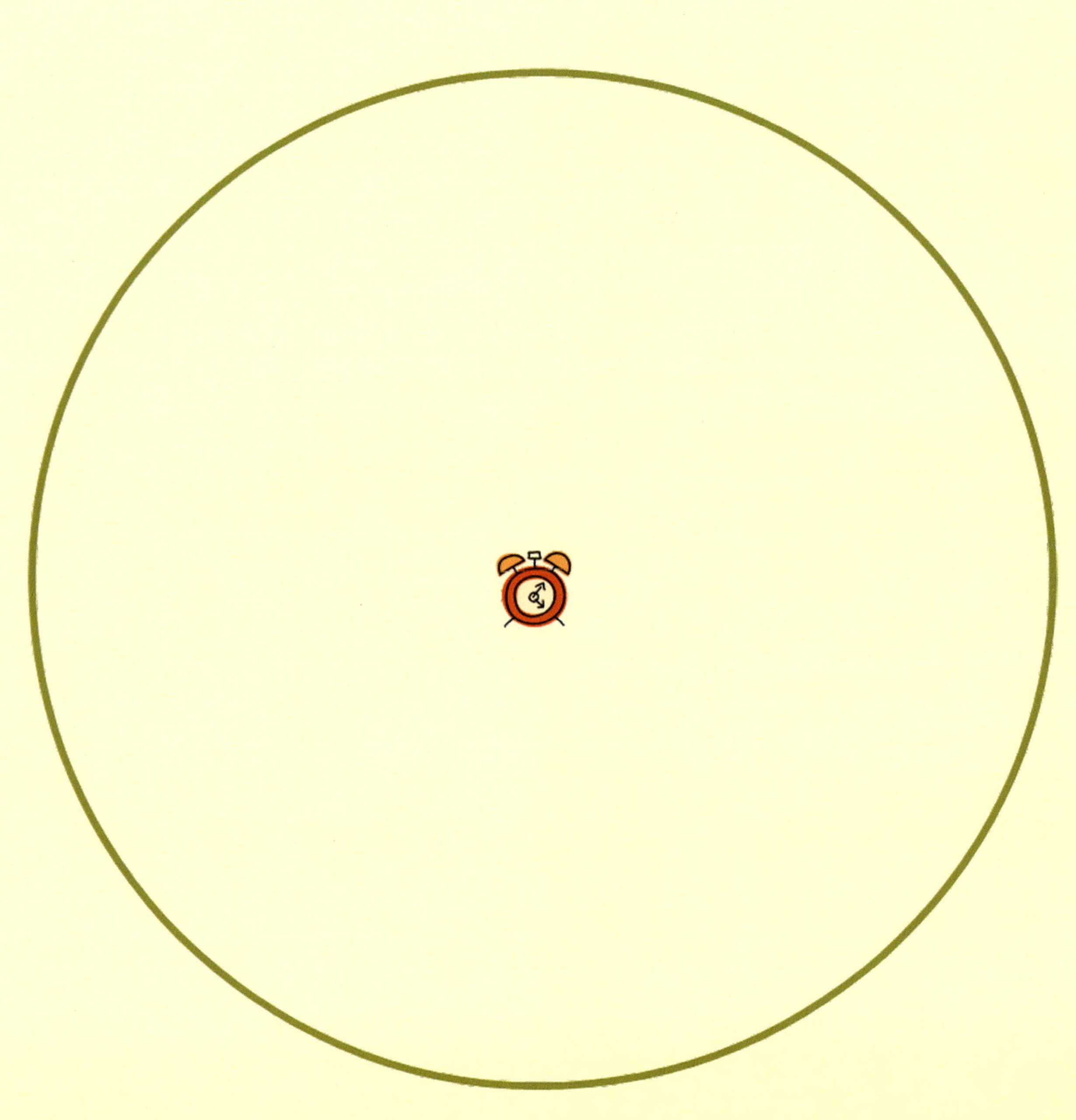

✏️ 다음은 시간 구조화의 예시입니다.

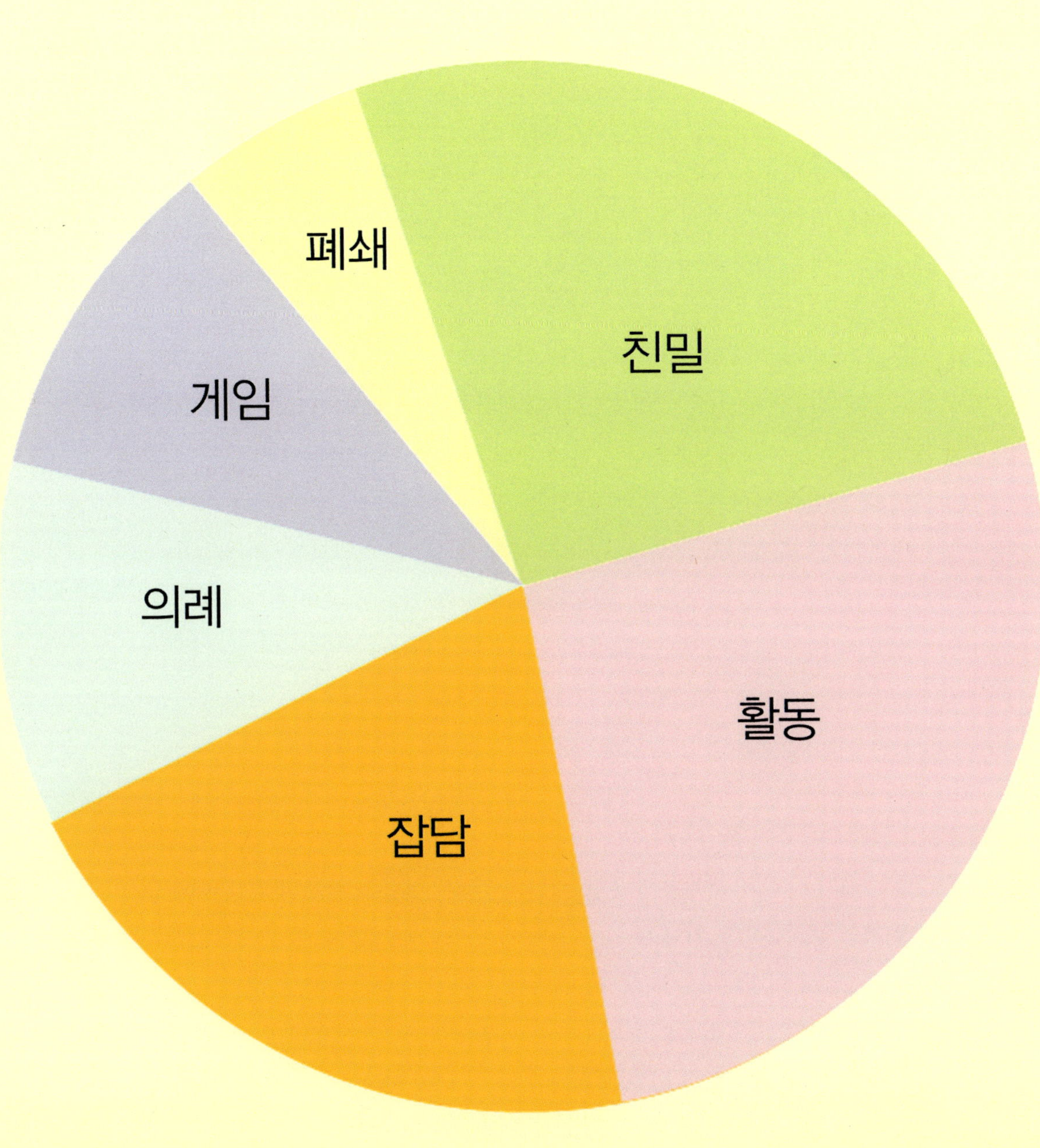

2. 네 가지 인생태도

자신과 타인을 어떤 시각으로 바라보고 어떤 결론을 내리는가 하는 것이 그 사람의 인생(삶)의 태도이다. 즉, 나를 OK로 볼 것인가 Not OK로 볼 것인가 또는 타인을 OK로 볼 것인가 Not Ok로 볼 것인가의 기본적인 태도를 말한다.

우재현(1989)에 의하면 인생 초기, 5, 6세경까지의 경험을 통해 정착된 관념은 성장 후 성격의 일부가 되어 특수한 방법으로의 행동이나 반응을 결심하게 된다. 인생의 매우 빠른 시기에 이루어진 자기와 타인에 대한 결단은 그것이 전혀 비현실적인 것이라 해도 그와 같은 결단을 할 시기의 아이에게는 이론적이며 의미가 있는 것으로 생각된다. 만약 항상 부모로부터 비난과 무시를 받으며 "넌 항상 왜 그 모양이야? 네가 할 수 있는 것이 뭐가 있니?" 또는 "네가 하는 일이 다 그렇지 뭐. 정말 한심하네"라는 말을 듣고 자란 아이는 인생 초기에 "나는 아무것도 할 수 없는 사람이야. 나는 Not OK야" 또는 "나만 빼고 다른 사람들은 다 월등해. 다들 OK야"라는 인생태도를 결정하게 된다. 그리고 그것은 성장하면서 그 사람의 각본으로 자리 잡게 될 가능성이 크며, 인생태도나 각본에 합당한 삶을 살아가게 될 것이다.

OK의 태도로 자신과 타인을 바라본다는 것은 가치 있다는 것이며, 안심할 수 있다는 것이다. 그리고 왜곡되지 않은 눈으로 세상을 아름답게 바라보는 것이고, 즐길 수 있으며, 사랑할 수 있는 것이다. 자신감을 가질 수 있고 마음의 여유가 있는 것이다. 또한 긍정적인 것이다. 반면 Not OK의 태도로 자신과 타인을 바라본다는 것은 가치가 없다는 것이며, 세상을 의미 있게 보지 못한다는 것이다. 안심할 수 없다는 것이며, 세상을 왜곡된 시각으로 바라보게 된다는 것이다. 되는 쪽보다는 안 되는 쪽에 무게를 두는 부정성을 가지며, 세상은 실패로 가득 차고 밝은 미래는 없다고 보는 태도다.

'영광의 재인'에서 아버지 서재명에게 늘 비난과 무시, 협박을 받으며 힘든 어린 시절을 보낸 서인우는 아버지 앞에서 언제나 작고 초라한 아무것도 할 수 없는 자신에 대해 Not OK의 인생태도를 가진다. 그러나 아버지와 다른 타인들에 대해서도 능력 있고, 괜찮은 OK의 존재로 보기보다는 비열하고 믿을 수 없고, 추한 사람으로 보는 Not OK의 인생태도를 가지게 된다.

'다섯 손가락'의 유지호 역시 새엄마라고 믿고 있었던 채영랑의 사랑을 받으려고 애를 썼지만 원하는 스트로크 대신 경멸과 무시를 받게 된다. 결국 유지호는 자신에 대해 사랑받지 못한다, 가치 없다, 안심할 수 없다는 Not OK의 인생태도를 가지게 되고 채영랑과 동생 유지호에 대해 정말 믿을 수 없고, 안심할 수 없으며, 인간의 탈을 쓴 나쁘고 추한 존재라는 태도를 취하게 된다.

인생태도는 긍정적인 것(OK)과 부정적인 것(Not Ok) 2가지를 조합하여 4가지 유형을 만들게 된다.

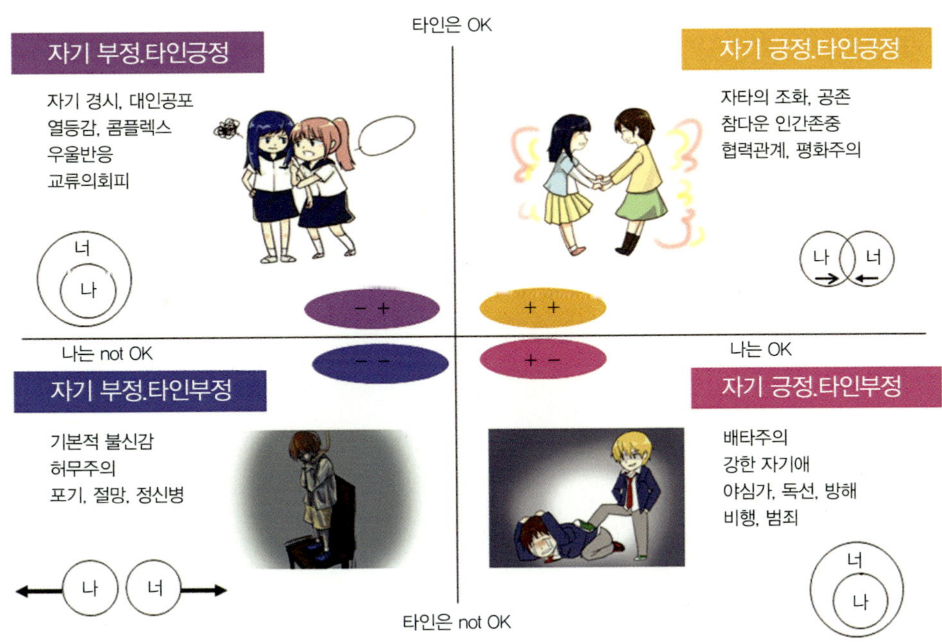

가. 나도 OK, 너도 OK

세상을 살아가는 모든 사람이 가져야 할 가장 바람직한 인생태도이다. 누구나가 가질 수 있는 태도는 아니지만 어려서부터의 긍정적인 스트로크를 받고, 스스로의 통찰과 노력이 있다면 가질 수 있는 인생태도이다. 나는 공주 또는 왕자로서 가치 있고, 사랑스럽고, 믿을 수 있으며, 좋은 사람이다. 그리고 너도 역시 공주 또는 왕자로서 가치 있고, 사랑스럽고, 믿을 수 있으며 좋은 사람이다. 따라서 서로가 신뢰할 수 있고, 안심할 수 있으며, 조화로운 관계를 형성하며 즐겁고 의미 있는 삶을 살아갈 수 있다.

'애정만만세'의 강재미, '더킹 투하츠'의 김항아, '넝쿨째 굴러온 당신'의 방귀남,

'부탁해요 캡틴'의 한다진, '시크릿 가든'의 길라임, '영광의 재인'의 윤재인, '패션왕'의 이가영 등 대부분 드라마의 주인공들은 이 인생태도를 가진다. 아무리 어려운 현실을 살아간다 해도 결코 희망을 버리지 않고, 자신에 대한 믿음을 저버리지 않는다. 희망적인 미래가 펼쳐질 것임을 믿고 꿋꿋하게 살아간다. 그러면서도 다른 사람에 대해서도 왜곡된 시선으로 바라보지 않는다. 그들을 밟고서 자신들의 미래를 보장받으려고 하지 않는다. 자신을 해치지 않을 것이라며 다른 사람을 믿고, 안심하며 조화롭고 평화로운 삶을 살아가려 노력한다.

특히 '패션왕'에서의 이가영(신세경)은 바닥인 삶에서도 희망의 끈을 놓지 않으며 세상을 극복해나가고자 노력한다. 누군가를 제치고 이겨 성공하고자 하거나 일확천금의 헛된 꿈을 꾸지 않고 한 걸음 한 걸음 희망의 길을 걷는다. 자신이 바닥 인생을 살게끔 만든 장본인인 조순희(장미희)와 자신을 끝없이 괴롭히며 파멸시키려 하는 조순희의 딸 신정아(한유이)에 대해 Not OK의 왜곡된 시선을 갖지 않는다. 복수를 통해 자신의 것을 되찾으려 하기보다 그들과 함께 OK로 살아가게 되기를 희망한다. 자신과 타인에 대한 믿음이 있고, 세상은 그래도 살아갈 만한 가치가 있다고, 미래에는 자신이 누리게 될 행복이 있다는 믿음을 버리지 않는다. 그래서 늘 주변 사람들에 대한 배려와 사랑을 실천하고 타인과 함께 조화로운 삶을 살아가고자 한다.

또한 '넝쿨째 굴러온 당신'의 방귀남(유준상)은 어려서 길을 잃고 외국에서 입양아로 성장하였지만 세상에 대한 왜곡 없이 자신과 타인에 대해 OK의 인생태도를 가지고 있다. 자신의 미래에 대한 희망을 버리지 않고 친부모를 만날 수 있으리라는 믿음 하나로 버텨왔다. 그는 긍정적인 OK 인생관으로 친부모를 만날 수 있었고, 자신이 길을 잃게 된 것이 작은어머니 때문이라는 것을 알게 되었을 때도 잠시 혼란과 갈등을 겪었지만 결국 작은어머니에 대해 이해와 용서를 선택할 수 있었던 것은 자신과 타인에 대한 OK 태도 때문이었을 것이다. 그럴 수밖에 없었을 것이라는 타인에 대한 믿음과 신뢰, 그럼에도 좋은 양부모를 만나 제대로 잘 성장했다는 자신에 대한 믿음과 신뢰는 '나도 너도 다 OK'라는 그의 인생태도로부터 비롯

된 것이다. 따라서 이 인생태도를 가진 드라마 속 주인공들은 '활동'을 통해 성취감
과 삶의 보람을 느끼며 그들 옆에는 친밀로 맺어진 진실된 관계의 사람들이 많다.

나. 나는 OK, 너는 Not OK

나는 왕자고 너는 개구리다. 이것은 "없애버려" 인생태도이다.

유아기에 부모나 주된 양육자들로부터 원하는 스트로크를 받지 못하고 오히려 비난과 무시 그리고 처벌받는 일을 지속적으로 경험하게 되면 그들은 자신 이외에는 믿을 사람이 하나도 없다고 생각하게 되고, 자

신을 도와줄 사람도 없다는 결론을 내리게 된다. 이 인생태도를 가진 사람들의 특징은 외롭고 힘든 시간에 의해 상처받은 자신의 내면을 들여다보기를 싫어하고, 모든 책임을 자신이 아닌 다른 사람들에게 돌리며, 자신의 그러한 행동들을 합리화시켜 나간다. 또한 자신의 심리적 상태를 다른 사람들에게 투사하기 때문에 이 세상에는 자신 이외에 믿을 수 있는 사람이 없으며, 안전하지 않다고 생각한다. 결국 자신을 지켜줄 사람은 자기뿐이라고 생각한다. 강한 자기애로 모든 사람은 자신을 위해 희생해야 한다고 생각하기 때문에 박해자의 삶을 선택한다. 자신의 상처 입은 내면을 숨기고 자신의 약함을 드러내지 않기 위해 무의식적으로 투사와 전이 그리고 반동형성 등의 방어기제를 사용하며 살아가게 된다.

'브레인'의 이강훈(신하균)은 자신은 가난하고 가진 것이 없지만 이 세상 어떤 의사들보다 뛰어난 능력을 가지고 있고, 그래서 모두가 자신을 존경하고 보장된 미래가 기다리고 있다고 믿는다. 그러나 부유하게 자란 황태자 같은 동료 서준석(조동혁)을 바라볼 때 "부모 잘 만나 호강하고 살았지. 그건 너의 진짜 실력이 아니야. 네 부모가 잘사는 것이지 네가 잘사는 것이 아니야. 네가 누리는 그 모든 것은 너의 부모 때문에 가능한 것이지"라고 왜곡된 시각으로 바라본다. 부모 덕분에 누리는 서준석의 능력은 자신의 능력과 비교될 수 없다고 생각하며 자신만이 완벽하다고 믿는다. 또한 성공은 자신만을 위한 것이라고 믿는다. 자신에 대한 진정한 'OK'라

기보다 자신 내면의 열등감을 감추고 타인들의 인정을 통해 보상받으려는 것이다.

'드라마 제왕'의 앤서니 김(김명민)이 바라보는 인생태도도 이와 같다. 어려서 아버지를 잃고 앞을 보지 못하는 어머니와 둘이 어렵게 생활하며 학교에 월사금을 내지 못해 늘 선생님께 경멸과 무시, 모욕을 당한다. 다른 사람들로부터의 멸시로 어려운 성장기를 거치며 세상에 믿을 것은 '자신과 돈'뿐이라고 생각한다. 타인과 세상은 믿을 것이 못 되며, 돈을 벌어 성공하고 세상에 복수하기 위해 수단과 방법을 가리지 않는다. 자신의 드라마 성공을 위해서라면 못 할 일이 없으며, 방해하는 자는 용서할 수 없다. 믿을 수 없는 사람들이니 마음을 나눌 필요도 없으며 오로지 자신의 성공을 위해 함께하는 파트너일 뿐이며 필요할 때 이용할 뿐이다. 이 또한 치유하지 못한 내면 아이를 숨기고 자신이 강하다는 것을 보여주기 위함이며 자신에 대한 진정한 'OK'는 아니다.

'그래도 당신'에서의 강채린(왕빛나)은 "너, 미친 거 아냐? 내가 널 믿는 줄 알았니? 일이건 사람이건 끊임없이 의심하고 체크해야 돼"라는 믿음으로 대책 없이 누굴 믿어버리는 건 게으른 인간들의 미련한 자해행위일 뿐이라고 생각한다. 그리고 타인과 세상을 Not OK로 취급하며 자신이 최고가 되지 못하면 직성이 풀리지 않는 완벽주의자로 원하는 것을 얻기 위해서는 수단과 방법을 가리지 않으며 주위 사람들을 기꺼이 희생시키고 중상모략한다.

'브레인'의 이강훈, '드라마 제왕'의 앤서니 김, '그래도 당신'의 상채린을 포함하여 '샐러리맨 초한지'의 최항우, '애정만만세'의 변주리, '패션왕'의 강영걸, '영광의 재인'의 서재명 등의 공통점들은 대부분 어린 시절 힘든 생활 속에서 원하는 스트로크를 받지 못하고, 힘들게 살면서 의지하고 도움을 청할 사람이 없다는 결론을 내린 사람들이다. 그리고 자신만을 믿고, 의지하고, 위로하며 자수성가한 사람들이다. 매사에 모든 일을 자신들의 뜻대로 처리하려고 하며, 자신들은 완벽하고 OK라고 생각한다. 따라서 Not OK인 상대방에게 모든 책임을 전가시키며, 뜻에 따르지 않을 경우 상대를 강하게 비난하고, 협박하며 희생자로 만들어버린다. 그래서 이 인생태도를 가진 드라마 속 주인공들의 주변에는 출세하려고 그들 비위를 맞추는 사람을 제외하고 친밀관계를 나누는 사람이 없어 외롭다.

다. 나는 Not OK, 너는 OK

성장 초기에 취하게 되는 태도로 '나는 개구리 너는 왕자(공주)'의 인생 태도다. 즉, 자신들의 무능력과 달리 모든 것에 있어서 전지전능해 보이는 부모 또는 주된 양육자들을 보면서 발달시키는 인생태도다. 그리고 그들에게 사랑받기 위해서 또 그들의 기대에 부응하기 위해 노력해야 한다고 생각하지만 뜻대로 되지 않고, 계속되는 실수 내지 실패를 경험하게 될 때 이들은 열등감과 자기 비하, 그리고 자기 경시와 우울을 키워나가게 된다. 자신보다 훨씬 더 커 보이는 사람들에 대헤 두려움을 가지고 대인 기피나 교류를 회피하며 자신은 Not OK인데 타인은 'OK'라고 느낀다. 또한 자신보다 월등하고 우월해 보이는 타인에 대해 강한 의존성을 가지게 된다.

'애정만만세'의 강형도, '오작교 형제들'의 황태식 등은 자신에 대한 믿음이 부족하며 다른 사람들에 비해 열등하다고 생각한다. 자신의 위치에서 제 역할을 다하고 있다고 느끼지 못하며 항상 다른 사람들에게 피해를 주고 있다고 생각한다. 또한 성공하는 자신의 삶을 기대하지 못하고 미래가 그다지 희망적일 것이라 생각하지 않는다. 어떤 중요한 결정을 내릴 때에도 자신들의 의견이나 생각을 설명하고 주장하기보다는 자신보다 더 능력 있고 괜찮아 보이는 사람들이 결정 내려주기를 희망하고 따르는 경향이 있다.

특히 '오작교 형제들'의 황태식은 늘 잘난 동생들과 비교되고, 아버지로부터 '장남 노릇 못 한다', '제대로 하는 게 없다', '동생들을 좀 봐라' 등의 비난과 질책을 받으며 자신에 대한 Not OK의 인생태도를 가지고 성장하였다. 어떤 결정을 해야 하는 가정 문제가 발생했을 때 장남으로서 동생들을 불러 모으고 자신의 의견을 피력하고 결정을 내리는 일을 하지 못한다. 우유부단한 모습을 보이며, 자신의 선택이나 결정에 대한 믿음이 부족하여 항상 누군가(동생들)의 결정을 따르는 것을 더 편해 한다. 자신의 행동들에 대해 한심한 마음을 가지고 잘해보려고 노력하지만 그것도 잠시뿐 자신에게는 결국 그런 능력도 비전도 없다고 생각한다. 마음에는 늘 열등감과 자기 비하가 있고 상대에 대한 의존성이 높다. 이 인생태도를 가진 드라마 속 주인공들은 다른 사람들로부터 우유부단하고 결단력이 부족하다는 평가를 받고, 자신감이 없고 무임승차하려 하는 나약하거나 의존적인 사람으로 평가된다.

라. 나도 Not OK, 너도 Not OK

자포자기의 인생태도이다. 어려서부터 긍정적인 스트로크를 받지 못하고 부정적인 스트로크를 많이 경험하게 될 때 형성된다. 가령, 부모나 주된 양육자들로부터의 육아에서 벗어나 자율성이 생겨나는 시점에서 아이는 여러 가지 어려움에 직면하게 된다. 넘어지고, 다치고, 뜨거운 것에 데며 위험에 노출된다. 왕성한 호기심에 이것저것을 시도해보려 하지만 그때마다 부모나 주된 양육자들로부터 심한 제재를 받는다. 어려서 받았던 안아주고, 웃어주고, 토닥거려 주던 긍정의 스트로크는 어디로 가고 언제부터인가 주의, 야단, 제재 등의 부정의 스트로크가 오면서 아이는 혼란스럽다. 점점 자신은 버림받았다는 느낌이 들고, 믿었던 사람에게서 버려졌다는 느낌에 세상에 대한 불신을 키워나간다. 자신도 타인도 믿을 수 없어 허무하고 절망감마저 든다. 심하게 될 경우 타인으로부터 오는 스트로크를 아예 거부하고 차단시키며 혼자만의 세계로 빠지고 심할 경우 우울증, 정신병으로까지 발전될 수 있다. 극단적일 경우 모든 것을 포기하고 자살을 선택할 수 있는 인생태도이다.

'패션왕'의 조순희, '착한 남자'의 한재희, '샐러리맨 초한지'의 모가비, '그래도 당신'의 강채린, '드라마 제왕'의 오진완, '다섯 손가락'의 채영랑 등은 정상적인 심리 상태나 정신 상태는 아닌 듯 보인다. 어려서의 생활들이 다 그려지지는 않았지만 그들은 상대에 대한 증오나 복수를 삶의 목표로 삼는다. 무엇을 위해서인지조차 잊어버리고 그냥 세상에 대한, 그 상대에 대한 맹목적인 미움이다. 그로 인해 자신이 다치고 결국 자신 인생도 파멸이라는 것을 알면서도 끝도 없이 달려간다. 자신과 타인에 대한 스트로크를 포기하고 자포자기의 상태에서 악에 받쳐 살아가기에 그들은 정신병 같은 복수를 하며, 감옥으로 가거나 자살을 선택하는 끔찍한 삶을 선택하게 된다.

특히 '샐러리맨 초한지'의 모가비는 진시황(이덕화)의 비서실장으로 빼어난 미모를 가졌지만 '얼음마녀'라는 별명에 걸맞게 냉정하고 차가운 성품이다. 고위급 인사들과 친밀함을 유지하지만 결코 선을 넘지 않는 철두철미한 그녀의 내면에는 불꽃같은 욕망이 있었다. 자신과 타인에 대해 Not OK로 보는 왜곡된 그 욕망으로 끝내는 자신이 모시던 회장을 죽게 하고 권력과 재력을 탐하게 된다. 믿을 수 없는 것이 세상이기에 회장의 자리에 앉아서도 주변에 있는 모든 사람을 끝없이 의심하며 자신의 잘못을 숨기기 위해 죄에 또 죄를 지으며 살아간다. 점점 불안과 두려움에 사로잡히게 되지만 결코 용납될 수 없는 감정이기에 그 감정들을 숨기고 충고와 조언을 해주는 주변 사람들은 믿을 수 없다는 이유로 모두 다 제거해나가려 한다. 결국 끝을 모르고 나가는 그녀의 이상 행동은 스스로도 제어할 수 없는 지경에 이르게 되고 끝내 정신병이라는 파멸에 이르게 된다.

결국 인생태도는 주고받는 스트로크와 밀접한 관계가 있는 것으로 보인다. 긍정적인 스트로크를 충분히 받고 자란 아이는 자신과 타인에 대한 조화를 생각하게 되고, 믿음을 가지고 희망적인 미래를 꿈꾸며 나도 너도 OK임을 알게 된다. 그러나 원하는 스트로크가 오지 않거나, 강력한 부정의 스트로크를 지속적으로 경험하게 될 경우 그들은 상대와 세상을 불신하게 되고, 스트로크를 거부하게 되고, 자신의 심리를 세상에 투사하며 나도 너도 Not OK라고 결정한다. 따라서 희망이 없는 절망적인 미래를 선택하게 된다.

1. 게임분석

교류분석에서 말하는 게임(Game)은 우리가 생각하는 재미있고, 즐겁고 유쾌한 게임이 아니라 불쾌한 감정을 수반하는 심리적 게임을 의미한다. 게임은 A자아의 자각 외적으로 이루어지며 의식적이기보다 무의식적으로 이루어진다. 게임이 끝날 무렵 '아! 이런 일이 또 일어나다니……'라고 의식하게 된다. 게임의 마지막 단계에서는 언제나 교류에 참여했던 사람들이 라켓감정을 경험하게 된다. Bern(1964)은 게임을 '명료하고 예측 가능한 결과(부정적인 심리적 청산)를 향해 진행해가는 일련의 상보적·이면적 교류'라고 하였다. 즉, 게임은 이면적 교류이며, 상보적으로 호의적으로 나가다가 어느 순간에 교차교류가 되어 혼란을 일으키며 Not OK 인생태도를 확인하는 것이다.

원하는 스트로크가 오지 않았을 경우 스트로크를 얻기 위한 시간 구조화의 한 방법으로서 또한 자신의 라켓감정과 인생태도를 확인하기 위한 목적으로서 게임을 하게 된다.

몇 가지 게임의 종류에 대해 살펴보면 다음과 같다.

가. 나를 발로 차주세요(Kick Me)

'나를 차주세요'라고도 하며 매번 어리석은 짓을 하고 실수를 하여 상대를 화나게 하고 야단맞으면서 다음에는 그렇게 하지 않겠다고 결심하지만 또 반복하며 '역시 나는 틀렸다'는 것을 확인하는 게임이다. 이때 이 게임에 걸려든 상대는 '너, 딱 걸렸어. 이 나쁜 녀석아(Now I've Got You, Son Of A Bitch)' 게임을 하게 된다.

　돼지 새끼가 엄마에게 울며 뛰어와 "엄마, 나 돼지야? 친구들이 돼지라고 놀려" 한다. 엄마 돼지가 "아니야, 우리 아들은 왕자란다"라고 아들을 지지한다. 아들이 "정말 나 돼지 아냐? 친구들이 돼지래"라고 다시 말한다. 엄마는 다시 "아니야, 우리 아들이 얼마나 귀한 왕자인데……." 엄마의 말에 아들이 다시 "엄마, 나, 돼지 맞지? 친구들이 그랬단 말이야"라고 다시 확인한다. 엄마는 약간의 화를 참으며 "아니래도. 넌 왕자야, 정말 예뻐"라고 애써 웃어준다. 아들 돼지는 "정말? 나 돼지 아냐?"라며 재차 확인한다. 엄마 돼지는 간신히 참으며 "그럼, 넌 돼지 아니야, 정말 예쁜 왕자님이야." 아들 돼지가 "정말이지?" 하고는 조금 있다가 결국 다시 "근데…… 엄마, 나 돼지 맞지?"라고 다시 묻자 참고 있던 엄마 돼지가 기어이 화를 참지 못하고 "그래, 이 돼지 새끼야. 넌 돼지 새끼야"라고 소리친다. 아들이 울면서 "거 봐. 나, 돼지 새끼 맞네"라며 게임을 끝낸다. 'Kick Me' 게임을 설명할 수 있는 조금은 우스꽝스러운 이야기지만 여기서 아들 돼지는 'Kick Me' 게임을 엄마 돼지는 이와 쌍이 될 수 있는 'Now I've Got You, Son Of A Bitch' 게임을 하고 있는 것이다.

　'내 딸 꽃님이'에서 강남에 빌딩 여러 채를 소유하고 거기서 나오는 세만으로도 누릴 것을 다 누리며 사는 은천만(정규수)이 있다. 그리고 허영심 많고 도도하지만 허점도 많고 귀여운 악녀인 아내가 있다. 그녀는 여우처럼 남편을 이리저리 속이며 돈을 빼돌려 하고 싶은 것을 하며 사치를 즐긴다. 다이아몬드 반지를 사서 가짜라고 속이며 이리저리 말을 돌리다 항상 끝에 거짓말이라는 것이 들통 나면서 남편 은천만에게 호되게 야단맞는 일이 비일비재하다. 거짓말을 하는 그녀는 항상 진실이 밝혀질까 전전긍긍하면서 변명하고 거짓말하지만 막상 진실히 밝혀지고 남편에게 호되게 야단을 맞거나 한 대 맞고 나면 오히려 후련함과 안도감을 느낀다. 이때 남편 은천만은 '너 딱 걸렸다. 이 나쁜 녀석아(Now I've Got You, Son

Of A Bitch)'의 게임을 하고 있다고 볼 수 있다. 처음부터 그는 아내가 거짓말을 하고 있다는 것을 알지만 계속되는 질문과 집요함으로 끝내 잘못을 들추어내면서 사실이 밝혀지면 '너 딱 걸렸어'의 마음으로 아내를 비난하고 야단하거나 때린다. 아내는 항상 남편이 모든 것을 알게 되어 혼나게 되리라는 것을 알면서도 끝까지 거짓말하여 결국 혼나면서 끝나는 'Kick Me' 게임을 남편은 'Now I've Got You, Son Of A Bitch'을 주고받는 것이다.

'더킹 투하츠'에서 김항아(하지원)는 꽤 괜찮은 얼굴에 몸매와 가문을 자랑하지만 미팅이나 소개팅에서 매번 차이며 노처녀의 대열로 들어선다. 특별한 이유는 없다고 본인은 생각하지만 그녀에게는 북한에서 특수부대원으로 훈련받고 뼛속까지 군인으로 살아온 씩씩하고 늠름한 그녀만의 이미지가 있다. 남자들로부터 결코 보호본능을 불러일으킬 수 없는 행동들을 무의식적으로 한다. 주위의 충고와 그녀의 통찰로 조심한다고 하지만 남자들을 떠나보내는 행동들을 반복하게 되고 끝에 가서야 본인의 행동에 대해 자각하게 되는 패턴이 만들어진다. 남자들에게 사랑받고자 하는 마음과는 달리 'Kick me' 게임을 부르는 행동을 본의 아니게 하게 되는 것이다.

나. 너 딱 걸렸어. 이 나쁜 녀석아(Now I've Got You, Son Of A Bitch)

어느 날 엄마 돼지는 아들 돼지가 자신이 제일 아끼는 중요한 물건을 깨뜨리는 것을 목격했다. 엄마 돼지는 다 알면서도 아들에게 누가 깼냐고 묻는다. 그러자 아들 돼지가 강아지가 깼다고 거짓말을 하면서 책임을 전가시킨다. 엄마는 계속되는 질문으로 유도하여 결국은 아들의 입에서 '잘못했어요. 사실은 제가 했어요'라는 고백을 받아낸다.

엄마 돼지는 아들을 쥐어박으며 "너 거짓말하지 말랬지?"라고 하며 화를 낸다. 엄마 돼지는 그때 강아지는 집에 없었다는 것을 이미 알고 있었고 아들이 했다는 것을 알면서도 누가 깼냐고 묻는다. 아들의 입에서 거짓말이 나오기를 기다리며 자신의 화나 분노의 정당성을 찾는 게임이다. 아들의 입장에서는 바른말만 했으면 아무 일도 없었을 텐데 끝까지 거짓말을 하여 결국에는 혼이 나고 마는 ‘나를 차주세요’ 게임을 하고 있다.

다. 경관과 도둑 게임(Cops and Robbers)

이 게임의 원형은 어릴 때 흔히 하던 ‘숨바꼭질’ 게임이다. 신데렐라가 파티를 즐기다가 매일 밤 12시가 되면 집으로 돌아간다. 마음이 급해진 신데렐라가 신발 한 짝을 벗어놓고 달아나 왕자가 자기를 찾게 만들고, 결국 그 왕자와 결혼에 골인하게 되는 것도 이 게임으로 설명할 수 있다.

법을 어기는 행동이나 분리수거 안 하는 사람들, 옆집에 배달된 우유를 몰래 먹거나 신문을 몰래 보는 사람들, 그리고 술 취한 손님 지갑에서 돈을 훔치는 사람들 모두가 잡힐 줄 알면서도 불법적인 일을 행하는 ‘경관과 도둑 게임’을 하는 것이라 볼 수 있다.

‘더킹 투하츠’의 김봉구나 ‘샐러리맨 초한지’의 모가비 그리고 ‘그래도 당신’의 강채린과 ‘다섯 손가락’의 채영랑은 자신들의 욕구나 야망을 채우기 위해 수단과 방법을 가리지 않고 타인의 삶을 방해한다. 그들은 누구에 의해서도 이해받을 수 없는 수준의 행동을 하며, 급기야 도덕적으로뿐만 아니라 법적으로까지 잘못된 행동을 하게 된다. 그 행동들이 결국 자신들의 올가미가 되며 끝내는 법의 심판을 받게 될 것이라는 것을 알면서도 잡히지 않을 것이라는 믿음을 버리지 않고 무의식적으로 ‘경관과 도둑 게임’을 하게 된다.

라. 의족 게임(Wooden Leg)

이 게임의 테마는 ‘나같이 핸디캡을 가진 사람으로부터 도대체 무엇을 기대한다는 것인가?’라는 것이다.

고급 레스토랑에서 돼지 한 쌍이 앉는다. 웨이터가 잔에 물을 따르며 실수를 하고 죄송하다고 말한다. 여자 친구 앞이라 돼지는 괜찮다고 한다. 돼지 웨이터는 주문서를 작성하다 볼펜을 탁자에 떨어뜨리고 그것이 손님 무릎 위로 떨어진다. 다

시 죄송하다고 사과하며 손이 미끄러웠다고 한다. 다시 참으며 요리나 맛있게 해달라고 한다.

주문한 와인과 연어가 나온다. 돼지 웨이터가 와인을 따다 실수로 병을 떨어뜨린다. 당황한 돼지 웨이터는 쩔쩔매며 죄송하다고 사과하고 돼지는 여자 친구 앞이라 뭐라고도 못 하고 조금 불편한 표정으로 괜찮다고 한다. 식사 후 후식을 가져 온 돼지 웨이터가 손님 얼굴에 물 잔을 쏟고 얼굴이 젖는다. 너무 많은 실수를 해 어쩔 줄 몰라 하며 돼지 웨이터는 연신 사과한다. 누적된 스트레스로 인한 것이라 변명도 해본다. 여자 친구만 아니었어도 어떻게 했겠지만 화를 꾹꾹 누르며 조금만 조심해달라고 한다. 웨이터는 '이렇게 좋은 레스토랑에 와서 밥을 먹을 정도의 가진 사람들이니 부족하고 바보 같은 내 실수를 너희는 용서해주고 나를 도와야만 해'라는 의족게임을 하고 있다.

이경규, 이윤석, 김태원, 김국진 등이 이끄는 '남자의 자격'이라는 예능 프로그램이 있다. 이 프로그램에서 이윤석의 캐릭터는 몸이 약하고 힘이 없는 '국민 약골'이다. 이윤석은 이것을 무기로 자신의 실수는 정당한 것임을 피력하고 함께하는 멤버들도 이윤석의 실수는 당연한 것으로 받아들인다. 또한 약골의 캐릭터에 김태원도 있다. 약하고 아픈 것을 무기로 삼아 멤버들의 보호본능을 자극하고 실수를 합리화한다. 다른 사람들은 몰라도 자신의 실수는 이해해야 하고, 자신이 그 정도라도 해내는 것은 너무도 놀라운 것임을 강조한다. 예능 프로그램 속에서의 재미로 설정된 캐릭터이지만 의족게임으로 설명되기에 충분하다.

유재석, 지석진, 하하, 이광수, 송지효 등이 이끄는 '런닝맨'에서도 의족게임으로 설명할 수 있는 캐릭터가 있다. 키가 크고 매우 야위며 누가 봐도 약해빠진 국민 약골 이광수가 그렇다. 실수와 팀을 실패로 이끄는 역할을 담당하는 그를 모든 멤버는 당연한 결과라 생각하고 포기한다. 이광수 스스로도 자신처럼 약하고 모자란 자가 그래도 그 정도면 훌륭하게 자기 역할을 소화해내고 있다고 생각하며 실수나 실패를 묵인하고 받아줘야 한다고 생각한다. 그리고 김종국같이 강하고 카리스마 넘치는 사람들로부터 자신을 지켜줘야 하며 강자들은 자신을 해쳐서는 안 된다고 생각하는 '의족게임'을 하고 있다.

마. 그 외 몇 가지 게임

1) 궁지로 몰기(Corner)

보통 부부간에 일어나기 쉬운 게임이다. 부인이 남편에게 외식을 제안하고 남편이 수락한다. 나가려는 길에 부인의 작은 말실수가 있었고 남편이 이에 화를 내며 갑자기 분위기가 살벌해진다. 부인은 아무것도 아닌 일에 이렇게 화를 내는 이유가 무엇이냐며 따지고 이럴 것이라면 차라리 외식이고 뭐고 관두자고 한다. 남편도 기다렸다는 듯이 '당신이 원한다면 관두자'고 하면서 외식 계획을 취소한다.

서로의 결점을 찾아 자신의 분노를 정당화하고 결국은 친밀을 회피하려는 것이 주제이다.

2) 만약 당신만 아니었다면(If It Weren't For You)

지배적이고 통제적인 남자와 결혼한다. 그것은 자기의 행동을 남편이 통제해줌으로써 자신이 두려워하는 상황으로부터 그녀를 보호해주도록 만들기 위함이다. 그녀는 이 통제적 상황을 이용해 통제에 대한 불만을 이야기하고 남편을 불편하게 궁지로 몰며 자신의 이득을 챙긴다. 이 게임은 결국 자신이 원하는 통제를 받게 되면서 두려운 상황으로부터의 해방을 목적으로 한다. 매 맞는 여자가 지속적으로 매 맞을 행동을 하면서 남편으로부터 구타를 당한다. 결국 그것 때문에 이혼을 하고 다시는 매 맞지 않으리라 결심하지만 결국 또 때리는 남편과 재혼해 매 맞고 살게 될 때 무의식적으로 이 심리게임을 하고 있을지 모른다.

3) 네, 그러나(Yes, But)

'무결점의 해결책을 제시해보시지'라는 마음에서 시작해 '결국은 답을 알려주는 사람은 아무도 없다'라는 결론을 내리는 게임이다. 게임 과몰입 학생들에게 대체행동을 가르쳐줄 때 변명 아닌 변명을 계속 늘어놓는 것이 그 예가 된다. 가령 '컴퓨터 하는 행동 대신 책을 좀 읽어보자'라고 하면 '네, 그런데 책이 없어요'라고 한다. 책을 빌려주겠다고 하면 '네, 그런데 엄마가 빌리는 것을 싫어해요'라고 한다.

그러면 엄마와 함께 운동을 해보는 것은 어떠냐고 하면 '네, 그런데 엄마는 운동을 싫어해요' 한다. 그래서 동생과 하면 좋겠다고 하면 '네, 그런데 동생하고는 재미가 없어요'라고 하고, 그림을 그리는 것은 어떠냐고 하면 '네, 하지만 그림을 잘 못 그려요' 한다. 결국 이 학생은 '컴퓨터 게임 이외에 할 수 있는 것은 아무것도 없어요'라는 결론을 내놓고 '좋은 해결책이 있다면 어디 한번 제시해보시지'라는 'Yes, But' 게임을 하고 있는 것이다.

2. 라켓감정

가. 라켓감정이란?

라켓감정이란 무엇일까? TA학자들 사이에서도 오랜 기간 동안 모호하고 정리되지 않은 개념으로 사용되어 온 라켓이란 용어는 우리에게는 참으로 생소하고 정의 내리기 어려운 말이다. 최근에는 여러 가지로 정의되어 사용되어 온 라켓과 라켓감정을 구분하여 용어를 통일하고 있다(『교류분석개론』, 송희자).

1) 라켓감정(Racket Feeling)

어린 시절에 이미 습득된 모조감정으로서, 억압되었거나 금지된 감정의 대체감정들(English, 1971) 또는 타인을 조작하거나 이용하려고 사용하는 감정(Bern, 1964)으로서 스트레스 상황 속에서 경험하게 되며, 어떤 문제를 해결하는 데에는 결코 도움이 되지 않는 부적합한 감정이다. 라켓감정을 가짐으로써 자신의 각본에 어울리기 때문에 스스로에게 안정감을 주게 되어 계속 그 감정을 가지려 한다.

(1) 라켓감정의 예 1

금은방에 침입한 강도를 상상하자. 이 강도는 자신의 계획을 성사시키기 위해 할 수 있는 만큼 폭력적이고 거친 말과 행동으로 가게 주인을 협박할 것이다. 그리고 최대한 화가 나 있는 듯한 표정과 분노로 가득한 행동으로 가게 주인을 제압하려 할 것이다. 그렇다면 이 강도의 감정은 '분노'나 '화'일까? 어쩌면 이 강도는 지금 이 순간 경찰이 들이닥칠까 봐 그리고 주인이 자신에게 덤벼들까 봐 그래서 혹시나 잡히지 않을까 하는 두려운 마음을 숨기고 있을지 모른다. 그러면서 억지로 강한 척, 무서운 척하고 있을 수 있다.

반면 이 가게 주인은 어려서부터 배운 합기도와 무술 실력을 가지고 있지만 칼을 가지고 무서운 얼굴로 협박하는 강도에 대해 두려운 마음을 가지고 있다. 억울하고 속상하지만 자신에게 소중한 보석들을 내어놓아야 한다는 분노(화)를 숨기고 강도가 원하는 것을 내어주고 있다.

지금 강도와 가게 주인은 모두 자신의 진짜 감정을 숨기고 라켓감정(모조감정)을 느끼고 있는 것이다.

(2) 라켓감정 예 2

어느 날 갑자기 동생이 눈앞에 나타난 다섯 살의 여자아이가 있다. 자신에게 쏠려 있던 부모님과 친척들의 관심이 온통 동생에게만 쏠리면서 마음이 상한 이 아이는 동생에 대해 미움과 질투의 마음을 가지고 있을지 모른다. 그러나 엄마가 보고 있는 동안에는 자신의 그런 마음을 숨기고 동생에게 환한 미소로 다가가 즐거운 마음으로 안아준다. 그러다 엄마가 눈앞에서 사라지면 동생을 꼬집을지도 모른다. 다시금 엄마의 얼굴이 보이면 아무 일도 없었다는 듯 자신의 감정을 속이고 동생을 예뻐하는 척 안아주고 언니답게 행동하는 이 아이는 지금 라켓감정을 경험하고 있다.

(3) 드라마 속 라켓감정의 예 3

'더킹 투하츠'에서 우리나라 서열 2위의 날라리 왕자 역할을 맡고 있는 이재하(이승기)는 북한의 무시무시한 특수부대요원인 그러나 자신만을 사랑해주는 남자를 만나는 것이 소원인 김항아(하지원)에게 청원을 했다가 거절당하자 김항아가 자신을 사랑할 수밖에 없도록 꾀를 내어 로맨틱한 분위기를 연출해낸다. 그 꾀에 김항아가 감동을 받고 사랑하는 마음이 생겼을 때 이재하는 진실된 감정이 아니었음을 밝힌다. 놀라움에 슬퍼하는 김항아를 보며 '그러게 누가 속으래? 쉬운 여자 같으니……'라고 독설을 내뱉는다. 김항아에게 청원을 거절당한 것에 대한 복수로 시작해 기어이 복수했다는 통쾌감을 표현하고 있지만 이재하는 자신도 모르게 사랑하게 된 김향아에 대한 미안한 마음과 안쓰러운 마음을 가지게 된다. 그리고 사랑의 마음을 숨기고 상처를 주고 있는 자신에 대해 짜증의 라켓감정을 경험하고 있다.

(4) 드라마 속 라켓감정의 예 4

'그래도 당신'이라는 드라마에서 나한준(김승수)은 자신이 꿈꾸던 세상으로 날아오를 수 있는 멋진 날개를 달아주겠다고 달콤하게 속삭이는 강채린의 유혹에 넘어가 딸과 아내를 버린다. 그리고 재벌로서의 새로운 삶을 살아간다. 강채린은 그렇게 결혼한 남편 나한준이 여전히 전 부인을 잊지 못하고 사랑한다는 것에 분노를 느끼고 증오를 품는다. 남편이 난치병에 걸려 죽음을 선고받았을 때조차 전 부인이 그 사실을 알고 상처 입을까 걱정되어 비밀로 하는 남편에게 더 화가 나고 분을 가라앉히지 못한다. 그러나 그녀의 그런 마음에는 남편에 대한 사랑이 있었다. 자존심과 배신감 때문에 자신의 마음을 드러낼 수는 없지만 남편 없이는 살 수 없을 것 같은 두려움과 남편이 평생 자기 옆에서 자신과 함께 해주었으면 하는 간절함이 있었다. 그러나 그러한 진실한 감정을 그 잘난 자존심 때문에 숨기고 오히려 분노와 화, 증오, 복수심으로 남편을 대한다. 그녀는 지금 라켓감정을 경험하고 있는 것이다.

2) 라켓(Racket)

라켓감정을 느끼도록 무의식적으로 환경을 조작하거나, 어린 시절 형성된 각본을 정당화하기 위한 행동들로서 라켓감정을 느끼게 하는 하나의 과정이다.

3) 라켓의 특징

똑같은 상황에서도 사람들마다 제각기 다른 감정을 나타낸다. 다른 차가 내 차를 추월해가서 순간적인 위험에 노출되었던 순간 누군가는 화가 확 치밀어 오르는 것을 느끼는가 하면 다른 누군가는 두려움을 느끼기도 하고, 또 다른 누군가는 타인에 대한 분노를 느끼기도 하며 혼란을 경험하기도 하는 것이 그것이다.

라켓이라고 일컬어지는 그 감정은 다른 스트레스 상황이 되었을 때도 똑같이 경험되는 감정이다. 즉, 상황이 나쁠 때, 내가 스트레스 상황에 놓였을 때 자주, 종종

‘애용되는 나쁜 감정’인 것이다. 그러나 그 감정은 내가 처한 현실적인 문제를 해결하는 데는 어떤 도움이 되지 않는 쓸모없는 감정이다.

라켓감정은 때로는 억제되고 금지되기도 하지만 대체적으로 전형적이며 격려되는 감정이다. 항상 모든 것을 자신의 잘못으로 인정하는 사람의 죄의식의 라켓감정은 때때로 사람들에게 당연함으로 격려받기도 한다. 식탁에서 멀리 있는 소금을 집으려다 자신의 컵을 쏟은 사람에게조차 자신의 컵이 상대방의 손 뻗침을 방해해서 미안하다고 사과하는 사람과 그것을 당연한 듯이 사과를 받아들이는 사람에게서 우리는 그것을 볼 수 있다. 『교류분석개론』에서 송희자가 밝힌 라켓의 특징을 정리하면 다음과 같다.

- 라켓이란 C자아에 저장된 부정적 감정으로 본인의 사고나 행동을 구속하고 있는 것이다. 자녀를 때리고 죄책감에 쫓기는 아버지가 3일이 채 가기도 전에 또 자녀를 때리며 같은 감정을 되풀이하여 경험한다. 이처럼 라켓은 사람이 되풀이하여 맛보는 ‘뒷맛이 씁쓸한’ 감정이다. 라켓의 지배하에 있으면 후회는 하더라도 벗어날 수는 없다. 이러지도 저러지도 못하는 감정이 라켓인 것이다.
- 라켓에는 타인을 조정하려는 의도가 숨겨져 있다. 유아가 어두운 방에 웅크리고 앉아 홀로 시무룩해했을 때 부모가 관심을 보였다면 아이는 이것을 부모의 애정과 관심을 끄는 가장 좋은 행동이라고 믿게 된다. 요컨대 라켓은 유아 시절의 왜곡된 방법으로 터득한 감정적 태도이며, 이에 의해서 타인을 바꿀 수가 있다고 확신하고 있는 환상과 같은 것이다.
- 라켓에 지배되면 사람은 생기가 없어진다. 즐겁게 여행을 떠났다가도 지금 여기라는 시점을 즐기지 못하고 뭔가 쫓기는 듯하고 불안하고 사람을 믿지 못하며 자기 자신을 괴롭힌다.
- 라켓은 조금씩 쌓여서 다음에 일으킬 감정의 폭발을 준비한다. 감정은 일종의 에너지이다. 크게 모아진 라켓의 에너지는 간혹 커다란 트러블을 만들게 된다.

나. 라켓 시스템과 자율 시스템

1) 라켓 시스템

라켓 시스템은 각본에 묶인 사람들에 의해 유지되고, 스스로 강화되며, 왜곡된 감정이나 사고, 그리고 행동에 관한 시스템 모형이다. 이 라켓 시스템은 사람들의 인생 각본이 일상생활 속에서 어떤 방법으로 유지되고 있는지를 보여준다. 즉, 드라마 각본처럼 그 줄거리가 어떻게 강화되어 나가며, 자신의 각본에서 상대 배역으로 등장할 타인들이 어떻게 초대받고, 또 내 각본이 쓰이기 위해 어떻게 조작되어 나가는지를 보여주는 한 편의 드라마와 같다. 라켓 시스템 안에는 각본 때문에 오염된 A자아를 나타내는 용어인 신념과 오염된 A자아로 인해 억압되었던 진짜 감정들이 있다. 그리고 각본 신념에 따라 행동하게 되는 습관화된 몸짓, 목소리, 행동과 같은 관찰 가능한 행동 그리고 신체화 증상 같은 내적 경험들이 있다. 또한 자신의 각본 신념을 지지하고 격려하는 환상들이 있다. 마지막으로 라켓 시스템 안에는 각본 신념에 대한 증거와 정당함을 제공하는 정서적 기억들이 있다. 정서적 기억들은 살아오면서 겪었던 여러 가지 사건들 중에서 선택된 사건들에 대한 기억이며 이 기억은 특정한 경험과 연관되어 있다. 이러한 경험과 관련된 기억은 잊어버린다 해도 그 경험에 대한 감정은 남아 있다고 보았으며 Bern은 이것을 상품교환권(Stamp)이라고 하였다.

 ## 라켓 시스템 모형

라켓 시스템 모형

각본 신념/감정	라켓의 표현들	강화하는 기억들
다음에 관한 신념들:	관찰 가능한 행동들 습관화된, 반복적인	정서적 기억들 상품교환권
자기 타인들 인생/삶의 질	보고된 내적 경험들 육체적 고통, 신체적 감각	증거와 정당함을 제공한다.
억압된 감정들: 각본 결단 시 억압된 감정들	환상들	

참고 : 『교류분석(TA) 개인상담』, Ian Stewart 저, 우재현 역.

드라마 속 라켓 시스템

'영광의 재인'이라는 드라마에서 자신이 원하는 것을 가지기 위해 수단과 방법을 가리지 않으며, 이 세상을 움직이는 가장 절대적인 법칙이 약육강식이라고 믿는 아버지 서재명은 그의 아들의 유약함을 가장 싫어하였다. 서인우는 그런 아버지로부터 신뢰를 얻지 못하고 유약함 때문에 항상 질책을 받고 자라 아버지 앞에서라면 언제나 숨도 크게 쉬지 못하며 눈치를 보고 자신의 감정을 속여야만 했다. 그는 언제나 아버지에게서 '완벽하지 못한 모습을 보이지 마라', '성공한 모습만 보여야 한다', '결코 나약해서는 안 된다'는 말을 들었으며 '못나 빠진 놈', '한심한 놈' 등의 비난을 듣고 자랐다. 그는 스트레스 상황이나 아버지로부터의 공포 상황이 되면 '틱' 증상을 보인다. 서인우 캐릭터의 라켓 시스템을 분석해보자.

서인우는 자신에 대해 '아버지로부터 인정받을 수 없는 존재'라는 신념과 타인에 대해 '아버지는 무섭고 믿을 수 없는 사람이야'라는 신념 그리고 인생에 대해 '인생은 정말 혼돈이고 갈등이야'라는 신념을 가지고 있다. 아버지로부터 비난과 경멸 무시를 받으며 '분노', '두려움', '공포'와 같은 억압된 감정들을 가지고 있다. 서인우의 행동에서는 까칠하고, 화를 자주 내며 사람들과의 눈 맞춤을 잘하지 못하며 스트레스 상황이 되면 틱증상과 공황장애가 관찰된다. 그리고 서인우 자신은 스트레스 상황이 되면 불안하고 초조하며 회피하고 싶은 내적 경험을 하게 되고 두

통과 현기증을 종종 경험한다. '아버지로부터 결코 벗어날 수 없다' 또는 '아버지의 속박 속에서 살다가 생을 마감하게 되리라'는 환상을 가지게 된다. 서인우는 질책 받고, 친구가 없었으며, 유괴되어 감금되었고, 엄마가 항상 자신을 변명해주기 위해 아버지에게 거짓말을 하였다는 정서적 기억들을 가지고 있어서 자신의 라켓 시스템을 더욱 강화시켜 나간다. 이것을 정리하면 다음과 같다.

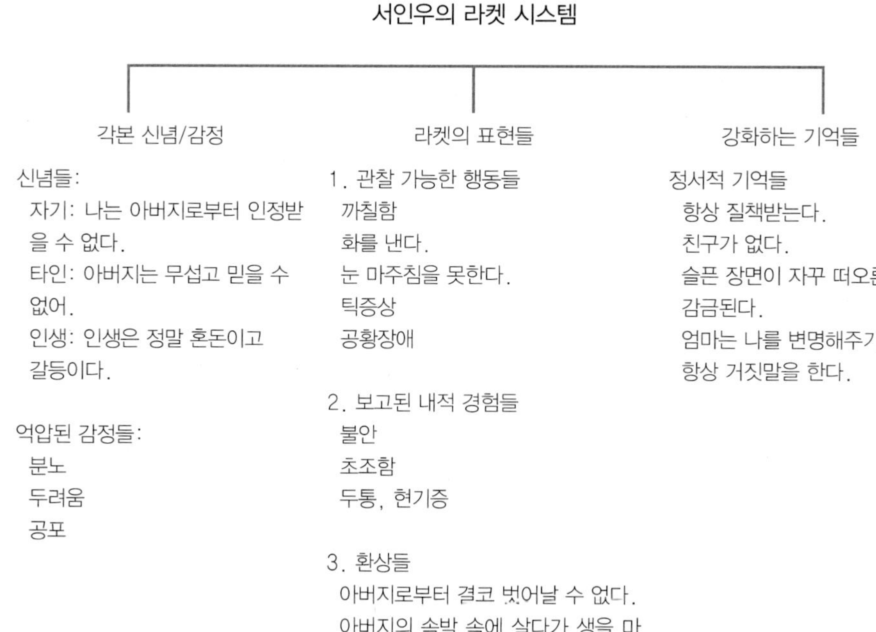

2) 자율 시스템

　라켓 시스템을 자율 시스템으로 바꾸는 노력은 각본을 다시 쓰는 재결단의 기회를 마련하는 중요한 계기를 마련해주는 것이다. 다음의 자율 시스템을 이해하고 앞서 만들어보았던 서재명의 아들 서인우가 재결단을 통해 각본을 다시 쓰고 자율 시스템을 작성할 수 있게 되었다고 가정하자. 아버지로부터의 속박과 공포에서 벗어나고 자신의 미래에 아버지는 영향을 줄 수 없다는 생각을 하게 되었다. 재결단을 통해 정서적 기억들을 지우고 새로운 기억들로 대체했다. 자율 시스템 모형을 보고 서인우의 자율 시스템 모형을 만들어보면 다음과 같다.

　서인우는 자신에 대해 '가치 있는 존재'라는 신념과 타인에 대해 '아버지는 믿을 수 있는 분이야'라는 신념 그리고 인생에 대해 '인생은 정말 가치 있고, 아름다운 곳이야'라는 신념으로 바꾼다. 그래서 내면에는 기쁨과 즐거움과 만족감을 가지게 된다. 눈 맞춤이 가능해지고 자신감이 생기며 잘 웃고 말투가 부드러워지며 자신의 감정과 의사를 잘 표현하는 행동들이 관찰된다. 서인우는 몸이 가볍고 개운하며 두통이 사라지는 것을 경험하게 되고 자신을 돌아보고 인생을 긍정적으로 바라보게 된다. 자신을 사랑해서 웃고 있는 부모님, 야구에 대한 자신의 재능, 타인들도 인정하는 잘생긴 외모, 자신에게 의지하는 아버지에 대한 정서적 기억들이 그의 자율 시스템을 더욱 강화시켜 나간다. 그의 재결단에 의해 바꾸어 쓰게 된 자율 시스템을 정리하면 다음과 같다.

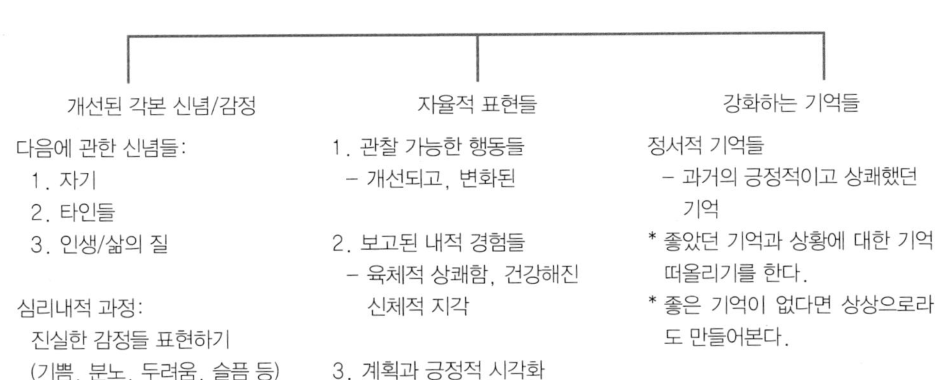

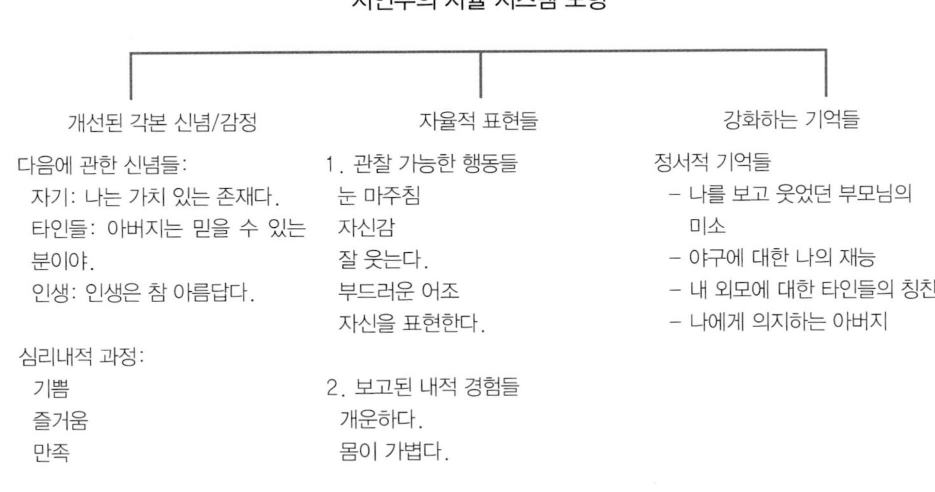

3. 각본분석

　왕자와 공주로 태어난 아이들이 성장하면서 부모의 부정적 스트로크와 그보다 더 한 금지령들을 받으면서 자신들만의 인생 각본을 쓰게 된다. 각본이란 '요람에서 무덤'까지 일생에 걸쳐 시간을 구조화하는 방법이며, 인생계획이다. 각본은 이러한 부모들의 금지령과 부정적 스트로크에 의해 프로그램화되지만 그것을 받아들일 것인지 아닌지는 결국 아이 자신의 결정이다. 같은 시기, 같은 바이러스가 유행한다고 모든 사람이 다 감기에 걸리는 것은 아니다. 감기가 유행하는지도 모르게 지나가는 사람도 있고, 약하게 지나가는 사람도 있다. 그런가 하면 정말 지독하게 감기를 앓고 지나가는 사람도 있다. 감기 바이러스에 얼마나 견딜 수 있는가는 개인의 체력 내지 역량에 달려 있는 것이다. 그렇듯 똑같은 부정적인 스트로크와 금지령의 환경에 노출되었을 때 정신적으로 심약한 사람은 무의식적으로 희망이 없는 미래의 인생각본을 쓰게 될 가능성이 높은 것이다. Berne(1970)은 각본을 '어린 시절에 만들어져 부모에 의해 강화되고, 후속 사건들에 의하여 정당화되고, 선택된 과정의 행동으로 절정에 이르는 인생계획'이라고 하였다.

　가령, '되는 것이 하나도 없는 인생이야'라는 각본을 쓴 사람이 조그마한 실수가 있을 때마다 부모에게서 '네가 원래 그렇지. 언제는 잘한 적이 있냐?'라는 말을 듣게 되면서 '아, 그렇지. 나는 원래 안 되는 사람이었지'라고 자신의 각본을 강화하게 된다. 그러다가 어느 날 어렵게 찾아온 취업의 문턱에서 떨어지는 사건이 생겼다. 그는 그 회사를 나오면서 "그러면 그렇지. 내가 되는 게 있겠어? 원래 안 되는 인생인데"라며 쓴웃음을 짓는다. 면접에서 실패한 사건은 그의 각본을 강화시켜주는 역할을 한다.

　또한 부모로부터 긍정적인 스트로크를 받지 못하고, 부정적 스트로크를 경험하면서 자란 여자아이를 가정해보자. 그녀는 부모에게서 "넌, 여자아이가 왜 그 모양이야? 다음에 남자한테 사랑이나 받겠니?", "얘는 꼭 사랑 못 받을 짓만 골라서 한다니까"라는 비난과 저주 또는 모욕과 같은 부정적 스트로크와 디스카운트를 받았다. 그녀는 성장하면서 자신도 모르게 "나는 사랑받을 수 없는 사람이야" 또는 "나

를 사랑해줄 사람은 아무도 없어"라는 각본을 쓰게
된다. 그렇게 그녀는 성장했다. '나는 Not OK, 너도
Not OK'라는 인생태도를 지니고 외롭게 살아가던 중
기적처럼 사랑하는 사람을 만난다. 아름다운 사랑이
시작되려고 하는 순간, 그녀는 갑자기 불안해진다.
자신은 사랑받을 수 없는 사람인데 '그는 왜 나를 좋
아하는 걸까', '나를 사랑하기는 하는 걸까?', '나를 싫

어하는 것은 아닐까?'에 대해 끝없이 의심한다. 그리고 그가 곧 자신을 떠날지 모
른다는 생각에 늘 불안하다. 그녀는 그를 만날 때마다 묻는다. "자기, 나 사랑해?"
그가 말한다. "그럼, 사랑하지. 그러니까 만나지." 그녀는 안심을 한다. 그러나 그
녀의 의심과 불안이 다시 생겨나는 데 그다지 오랜 시간이 걸리지 않는다. 그녀는
다시 묻는다. "지기, 나 사랑해? 혹시 싫은데 만나는 건 아냐?" 그는 답한다. "무슨
소리야? 사랑하지도 않으면서 왜 만나? 사랑해. 사랑한다고." 그녀는 잠시 안도하
다가 곧 똑같은 질문을 한다. 남자도 똑같이 대답한다. 같은 질문과 답이 되풀이되
면서 그는 점점 지쳐간다. 더 이상 대답하기도 싫어진다. 그녀를 보는 것도 이제
힘들어진다. 그는 결심한다. 그리고 그녀의 곁을 떠나간다. 그녀는 떠나가는 그를
슬프게 바라보며 "그래. 그럴 줄 알았어. 당연해. 누가 나를 사랑하겠어? 나를 사
랑해줄 사람은 아무도 없어"라고 결말을 맞이한다. 그리고 오히려 마음이 편해짐
을 느낀다. 그동안의 불안과 의심이 사라지고 후련함과 홀가분해짐을 느낀다. 자
신의 각본대로 돌아왔기 때문이다. 몸에 맞지 않던 옷을 벗어버리고 몸에 맞는 옷
을 입은 것처럼 편안함을 느낀다.

가. 드라마 속 각본

'세상 어디에도 없는 착한 남자'의 여자 주인공이었던 서은기(문채원)는 재벌가
인 아버지 밑에서 자랐다. 어려서부터 본인의 의지와는 관계없이 성공만을 지향하
는 아버지에 의해 또래 아이들이 겪는 감정과 상상 그리고 일상적인 경험을 차단
당한 채 오로지 '태산의 후계자'라는 코드만 인식한 비밀 병기처럼 자라났다. 그녀
의 아버지는 항상 어린 자신의 딸에게 '어느 누구에게도 진심을 보여서는 안 된다',
'부모 형제라 할지라도 믿지 마라', '결코 감정을 보여서는 안 된다', '누구에게도 마

음을 열어서는 안 된다' 등의 금지령을 전달한다. 어린 서은기는 아버지의 말이 무슨 의미인지 깨닫지도 못한 채 그 말들을 내면화하게 되고 자연스럽게 각본을 형성하게 된다. 어린 서은기는 '세상은 믿을 만한 곳이 아니야', '나에겐 사람들과 나눌 감정 따위는 없어'라는 각본을 쓴다. 울고 싶을 땐 혼자 울고, 웃고 싶을 땐 혼자 웃으며 그것이 험하고 무서운 세상을 살아갈 수 있는 유일한 길이라는 아버지의 가르침을 충실히 지키며 살아간다. 그렇게 어린 서은기는 아버지의 금지령에 의해 자신도 모르게 각본을 쓰고 각본대로의 삶을 살아간다.

'영광의 재인'에서 남자 주인공 서인우(이장우)는 CP의 종결자라 할 수 있는 서재명 회장을 아버지로 두고 있다. 성공을 위해서라면 그리고 돈을 위해서라면 다른 사람들을 짓밟고 올라가는 것에 조금의 망설임도 없다. 그리고 그렇게 키워놓은 자신의 회사이기에 아들 서인우가 완벽하고 냉철하기를 바란다. 그리고 그 기대치를 채우지 못했을 때 아들의 마음에 못을 박는다. 자신의 말이 곧 법이고, 진리고, 생명인 것이다. 언제나 아들 서인우에게 '완전하지 못하면 안 된다' 또는 '성공하지 못한 모습을 보여서는 안 된다'는 금지령과 함께 '못나 빠진 놈', '약해 빠진 놈'이라는 비난과 질책을 한다. 그 속에서 자란 서인우는 서서히 자신감을 잃어가고 사람들과의 원만한 대인관계 맺기에 실패하며 마음으로 '나는 아무것도 할 수 없는 인간이야', '난 쓸모없는 인간이야', '내 인생은 실패할 거야'라는 각본을 작성하게 된다. 늘 아버지에 대한 원망, 증오를 품고 자신의 욕구나 감정을 억누르며, 웃는 것이 무엇인지, 행복이라는 감정이 무엇인지 모른 채 살아간다. 그저 아버지에 대한 두려움만을 가슴에 품고 살아간다.

또한 '더킹 투하츠'의 김봉구(윤제문)는 어려서 자신과 어머니를 버리고 외국으로 떠나버린 아버지를 찾아가 그의 '입에 혀'처럼 굴며 그의 야망과 왜곡된 욕망을 위해 안간힘을 쓴다. 갖은 수단과 방법을 가리지 않고 온갖 멸시와 무시를 견디어낸다. 결국 그러한 노력이 그에게 부와 권력을 가져다주기는 하지만 어려서 따뜻한 스트로크를 받지 못하고 비난과 천대 속에서 열등감과 자기 비하를 키우며 숨겨온 그는 세상에 대해 Not OK의 인생태도를 가진다. 그토록 스트로크를 받고자 했던 내면을 숨기기 위해 자신의 권력과 힘을 동원해 '폭력형'의 스트로크 부족 현상을 보이고 있다. 자신을 OK로 인정해주지 않는 인간들에 대해서는 불법적인 방법이라 해도 서슴지 않고 철저하게 복수를 한다. 그는 '나는 버림받은 인생이야. 아무도 나를 사랑하지 않아. 나는 외롭고 쓸쓸하게 죽어갈 거야'라는 인생각본을 쓰고 그 각본대로 되기 위한 행동들을 하고 있는 것일지 모른다. 무의식적으로 각본의 길을 따라 걷게 되는 것이다.

나. 각본을 만들어내는 금지령

각본 형성의 주범은 부모의 금지령이다. 이 명령은 몸짓이나 표정 등의 비언어적 메시지로서 부모의 C자아로부터 자녀의 C자아로 전달된다. 이 메시지는 '하지 마라'의 내용을 포함하므로 금지령이라고 한다. 이 메시지의 대표적인 것을 보면 '존재하지 마라', '남자(여자)여서는 안 된다', '성장하지 마라', '가까워지지 마라', '생각하지 마라' 등이 있다. 한편 이 금지명령에 반대되는 기능을 가진 메시지가 있다. 이것은 대항지령으로서 언어적 표현이며 부모의 NP로부터 자녀의 P로 전달된다. 무엇을 '하라'는 것이 이 메시지의 주된 내용이다. 앞에서 설명한 금지령 메시지와 장려명령 메시지가 동시에 요청될 때 혼란이 야기된다. 그러나 이 두 메시지 가운데 각본의 원인이 되는 금지령이 대항지령을 압도하기 때문에 이를 '마녀의 메시지'라고 한다. 고울딩(Goulding)의 12가지 금지령 가운데 몇 가지를 살펴보면 다음과 같다.

1) 해서는 안 된다(Don't do that)

아이들의 행동이 문제를 일으킬까 싶어 어떤 행동을 못 하게 하는 것이다. 예를 들어 '위험하니 칼을 만지지 마라. 손 베인다', '세상이 위험하니 혼자서 나가지 마라' 등이 해당되며, 이런 금지령으로 모든 행동에 제동이 걸린 아이들은 '나는 이제 혼자 결정하여

행동하지 않겠다', '나는 잘못될 것 같아서 결정하지 못하겠다'는 초기결단을 내리게 된다. 그리고 결국 중요한 국면에서 어떤 결단이나 실천을 하지 못하고 주저하며 대응하게 된다.

2) 남자(여자)여서는 안 된다(Don't be the sex you are)

금지령 가운데 가장 치명적인 것으로서 부모가 아이의 존재 자체를 거부하는 것

이다. 가령 아들을 바랐던 집에 딸이 태어나면서 성립될 수 있는 금지령이다. 이것은 비언어로도 전달되며, '저걸 낳지 않았으면 좋았을 텐데', '네가 아들이었다면' 등이 해당된다. 이 아이는 '나는 당신이 나를 사랑하도록 만들겠다' 또는 '나는 누구의 사랑도 받을 수 없다'는 초기 결단을 내리게 되고, 비애감이나 절망감이 높고 자신이 타인에게 방해가 된다고 여기기 때문에 상대와 일체감을 가지지 못하며 우울해하는 경우가 많고 살인, 자살, 사고사의 위험이 높다.

3) 존재해서는 안 된다(Don't exist)

사랑해서는 안 된다. 믿어서는 안 된다는 금지령과 함께 쓰인다. 냉정하게 행동하도록 교육된 사람, 부모의 이혼, 별거, 질병, 가출, 자살 등으로 인해 부모의 사랑을 충분히 받지 못한 사람, 친밀한 인간관계가 깨지는 것을 많이 본 사람에게서 발견된다. '저리 가, 너는 왜 엄마 옆에만 붙어서 징징거리니?'의 금지령을 받고 자라는 아이들은 '나는 누구에게도 가까이 가지 않겠다. 그래야 버림받지 않기 때문이다' 또는 '사랑받는 길은 내가 죽음을 선택하는 거야'라는 초기 결단을 내리게 된다. 결국 감정의 변화가 심하고 공격적으로 될 가능성이 높으며, 인간관계 유지가 어렵다. 또한 상대편이 싫어하는 짓을 하고 어떤 형태로든 안정된 분위기를 깨뜨리는 경향이 있다.

4) 어린이처럼 즐거워해서는 안 된다(Don't be a child)

삶의 즐거움이나 쾌락을 나태와 악으로 여기는 부모나 자수성가한 부모, 어려서 부모를 여의고 형제를 돌보며 고생했던 부모에게서 많이 내려지는 금지령이다. '까불지 마. 무엇이 좋다고 그렇게 까불거리니?'의 금지령을 내린다. 아이는 '나는 늘 신중하겠고, 어린애 같은 짓은 하지 않겠어', '나는 결코 즐기지 않겠어'라는 초기 결단을 내리게 된다. 그리고 결국 즐거움과 자신을 돌보지 않고 중독된 사람처럼 일하며 자기희생을 즐겁게 여기며 살아가게 된다. 학생인 경우 공부만 하고 체육이나 쉬는 시간이 싫다고 하거나 친구가 없어서 어른이나 교사와 함께 있기를 좋아한다.

5) 자라서는 안 된다(Don't grow)

과잉보호, 과잉간섭으로 아이를 마치 자기의 부속물이나 연장과 같이 여기는 부모가 내리는 금지령이다. 아이들이 자라서 부모 곁을 떠나게 되는 것을 수용하지 못하는 부모에 의해 내려진다. '아이고 예쁜 것, 더 자라지 마', '크면 내 곁을 떠날 테니 더 크지 미'의 금지령을 내리며, 아이는 '나는 어린애로 있어야 해. 그래야 부모가 나를 거부하지 않아', '나는 영원히 아이로 머물 거야'라는 초기 결단을 내리게 된다. 결국 매우 의존적이고 사회적 활동을 피하며 지나치게 자기애적인 사람으로서의 삶을 선택하게 된다.

6) 중요한 사람이 되어서는 안 된다(Don't be important)

성장 과정에서 열심히 노력하여 어떤 성취가 있었음에도 불구하고 부모로부터 정당한 평가를 받지 못한 느낌을 받는 금지령이다. '너는 아직 어리니까 가만히 있어라' 이런 금지령을 내리는 부모는 아이에게 책임을 맡기려 하지 않는다. 아이는 '나는 결코 중요한 사람이 되지 못할 것이고, 그런 계획도 가지지 않겠어', '나는 끝내 실패할 거야', '어떤 일을 해낸다 해도 결코 알리지 않겠어', '난 반드시 실수하고 말 거야' 등의 초기 결단을 내린다. 결국 성공적인 일을 해내지 못하고 늘 그늘에서 뒷바라지 일을 맡는 데 만족해한다. 역경을 헤쳐 나가지 못하고 열등감에서 벗어나지 못하는 삶을 살게 된다.

이야기

1. 〈어벤져스〉

지구의 안보가 위협당하는 위기의 상황에서 슈퍼히어로들을 불러 모아 세상을 구하는, 일명 '어벤져스' 작전에 대한 이야기를 다룬 영화다. 에너지원 '큐브'를 이용한 적의 등장으로 인류가 위험에 처하자 국제평화유지기구인 쉴드(S.H.I.E.L.D)의 국장 닉 퓨리(사무엘 L. 잭슨)는 '어벤져스' 작전을 위해 전 세계에 흩어져 있던 슈퍼히어로들을 찾아 나선다. 아이언맨(로버트 다우니 주니어)부터 토르(크리스 헴스워스), 헐크(마크 러팔로), 캡틴 아메리카(크리스 에반스)는 물론, 쉴드의 요원인 블랙 위도우(스칼렛 요한슨), 호크 아이(제레미 레너)까지, 최고의 슈퍼히어로들이 '어벤져스'의 멤버로 모이게 된다. 하지만 각기 개성이 강한 이들의 만남은 예상치 못한 방향으로 흘러간다. 인류를 지키기 위해 펼쳐나가는 스토리 속에서 만나게 되는 등장인물들의 성격을 교류분석적으로 살펴보자. 각 등장인물의 성격구조는 어떻게 되어 있는지, 다섯 가지 자아의 에너지는 어떻게 다르며, 그로 인한 성격적인 특징은 어떠한지 살펴보는 것은 흥미로울 것이다. 그리고 그들이 관계 속에서 일을 추진하며 화합하고 의기투합하는 데 방해되는 의사소통의 걸림돌은 어떤 것들을 사용하고 있는지 또한 주요 등장인물들의 각본과 인생태도 그리고 게임의 유형, 시간의 구조화, 방어기제까지 전체적으로 분석해보는 것은 교류분석 이론을 이해하는 데 크게 도움이 될 것이다. 국제평화유지기구 쉴드(S.H.I.E.L.D)의 국장 '닉 퓨리'를 비롯하여 아이언맨, 토르, 헐크, 캡틴 아메리카,

호크 아이까지 역대 최고의 슈퍼히어로들의 영화 속 성격들은 대충 다음과 같다.

등장인물	성격적 특징	분석해볼 거리들
아이언맨	기업가이자 과학자다. 끊임없이 수트를 개발해 '마크 7'에 이르렀다. '지구상에서 가장 지적이고 영향력 있는 인물' 중 한 명으로 설정되었다. 사업가로도 대단한 수완을 발휘하는데, 거의 무일푼의 상황에서 엄청난 규모의 회사를 일궈냈으며, '모든 재산을 잃더라도 난 일주일 안에 다시 복귀할 수 있다'고 호언장담한다. 전략과 전술의 귀재이며, 실제 전투에서도 고성능 수트를 이용해 놀라운 능력을 발휘한다. 이 영화에서 보이는 아이언맨의 성격은 등장인물들 가운데서 가장 장난기 있고, 농담을 잘한다. 남들이 진지하게 말해도 전혀 진지하지 않은 것처럼 넘겨버리거나 쉽게 생각한다. 재치 있고, 천재적인 기발함이 있으며, 바람둥이 기질을 가지고 있다. 관계가 묘하게 싸늘해지려는 분위기 속에서도 유쾌함을 잃지 않는다.	구조분석 기능분석 대화분석과 의사소통 걸림돌 각본, 게임, 라켓감정

캡틴 아메리카	누구보다 정직하고 강한 의지 그리고 애국심을 가지고 있다. 거기다가 가장 완벽한 인간의 육체를 지니게 된 그는 닥터 라인스타인에 의하면 '인간 진화의 다음 단계'다. 그럼에도 끊임없는 운동과 식이요법으로 자신을 관리하고 있다. 초인은 아니지만 인간의 범위 안에서 최고다. 엄청난 반사 신경을 지니고 있으며 무엇보다도 빠른 판단력으로 현장을 지휘하는 능력도 탁월하다. 중국 무술, 복싱, 유도, 우슈, 펜싱 등 못 하는 것이 없는 다양한 스포츠의 달인이다. 또한 영어, 독어, 러시아어, 일본어, 이탈리아어 등 많은 언어 구사도 가능한 인물이다. 그래서인지 다소 시니컬하고 냉정하고 차가운 면이 없지 않다. 이성적이고 논리적이다. 어떤 경우에도 감정적으로 흐트러짐이 없고 차분하다. 좀처럼 자신의 감정을 내보이지도, 다른 사람의 감정을 궁금해 하지도 않는다.	구조분석
		기능분석
		대화분석과 의사소통 걸림돌
		각본, 게임, 라켓감정
헐크	우주를 통틀어 가장 힘센 인물 중 하나다. 힘과 내구력에서 신에 가까울 정도다. 토르나 실버 서퍼도 헐크에게 이기기가 쉽지는 않다. 놀라운 재생능력과 감마 에너지로 인해 노화되지 않는 헐크, 핵폭발에도 끄떡 없으며, 태양열에 가까운 열기도 견딘다. 아마 지구가 반쪽이 나도 그 충격 속에서 살아남을 수 있을 것이다. 헐크로 변신하기 전에는 핵물리학에 해박한 지식을 겸비한 과학자다. 헐크로 변신하기 전인 인간 '브루스 베너'는 매너 있고 다정한 성격이다. 다만 헐크로 변신하면 자신이 이성을 잃고 분노한다는 것을 알기 때문에 조심하고, 자신을 이용하려는 무리와 사람들을 회피하고자 하는 성향이 있다. 따뜻하고 친절한 성격에서 존재 자체가 흉기인 녹색괴물로 변신하며 두 가지 다른 성격을 보여주는 인물이다.	구조분석
		기능분석
		대화분석과 의사소통 걸림돌
		각본, 게임, 라켓감정
호크아이	무엇보다도 다양한 종류의 활과 화살을 자유자재로 사용할 수 있는 능력을 가졌다. 한 번에 여러 대의 화살을 날려 여러 개의 목표물을 동시에 명중시키기도 한다. 먼 곳에 있는 극도로 작은 타깃도 문제없는데, 그 '감'을 잃지 않기 위해 적어도 하루에 두 시간은 훈련하는 자기 통제력과 조절력이 강한 인물이다. 또한 계획적인 인물이다. 어릴 적부터 칼과 부메랑과 공을 던지며 트릭 샷을 연습했고, 아크로바트에도 능하며, 캡틴 아메리카에게 다양한 격투기를 배웠다. 자신의 감정을 드러내거나 사람들과 교감을 나누는 것에는 약하고, 목표 달성을 통해 생각하고 판단하는 능력이 탁월하다.	구조분석
		기능분석
		대화분석과 의사소통 걸림돌
		각본, 게임, 라켓감정

토르 | 일종의 마법사 캐릭터라고도 할 수 있는데, 마법을 이용해 하늘을 날거나 모습을 바꾸기도 한다. 한때는 토르의 연인으로 둔갑해 혼란을 주기도 한다. 자신의 목표 달성을 위해 타인의 생각을 조종하는 힘을 보여주며, 지구를 손에 넣기 위해서라면 아버지까지도 개구리로 만들어버리는 무서운 인물이다. 형인 토르가 지구로 쫓겨나고 오딘이 수면에 든 틈을 노려 왕이 되고자 음모를 꾸미면서 토르를 죽이기 위해 지구에 거인병기인 '디스트로이어'를 보낸다. 그 삐뚤어진 지배욕을 멈추지 못하고 항상 분노하고 화를 안고 살아간다. 형의 그늘에 가린 2인자 콤플렉스에, 친아들이 아니라 일종의 포로로 잡혀온 속국의 왕자였음을 알고 더욱 삐딱해져 버린 안쓰러운 인물이기도 하다. 내면의 열등감을 숨기고 믿을 수 있는 건 자신밖에 없다고 생각하여 모든 것을 손에 넣기 위해 온갖 악독한 짓을 다 하는 인물이다. | 구조분석

기능분석

대화분석과 의사소통 걸림돌

각본, 게임, 라켓감정 |

2. 〈주먹왕 랄프〉

8비트 게임 '다고쳐 펠릭스'에서 건물을 부수는 악당 역의 주먹 왕 랄프는 30년째 매일같이 건물을 부수며 직업에 충실해왔다. 하지만 악당이라는 이유로 누구도 그를 좋아하지 않고, 그에게 남은 것은 이웃들의 냉대뿐이었다. '다고쳐 펠릭스' 게임의 30주년 파티가 열리던 날, '다고쳐 펠릭스' 게임의 영웅 펠릭스는 물론 '팩맨' 등 다른 게임 캐릭터들까지 모두가 초대되어 파티를 즐기고 있는 와중에 자신만 초대를 받지 못한 것을 알게 된 랄프는 마침내 폭발해버리고 만다. 랄프는 게임 캐릭터는 설정된 프로그램을 거스를 수 없다는 룰을 깨고 모두에게 인정받는 영웅이 되기 위해 '다고쳐 펠릭스' 게임을 탈출하고야 만다. 용맹한 전사들과 사악한 우주 해충으로 가득한 슈팅 게임 '히어로즈 듀티'와 달콤한 과자로 된 카트를 타고 질주를 벌이는 레이싱 게임 '슈가 러시'로 뛰어든다. 하지만 랄프가 영웅이 되기 위한 모험을 펼치고 있을 때, 정작 '다고쳐 펠릭스' 게임은 나쁜 놈 랄프가 사라져 고장 난 게임 취급을 받으며 오락실에서 퇴출될 위기에 빠진다. 오직 자신의 존재를 인정받고 모두에게 사랑받기 위해 영웅들의 특권인 '금메달'을 찾아 나선 랄프가 과연 금메달도 얻고 '다고쳐 펠릭스'

게임도 구하며 게임 세계를 뒤흔들 새로운 영웅이 될 수 있을 것인가를 다룬 내용의 영화다.

랄프의 '영웅 되기' 과정에 함께 등장하는 다재다능한 착한 영웅 '펠릭스'와 냉철하고 강인한 우주 여전사 '칼훈' 병장 그리고 지치지 않는 질주 본능 꼬마 레이서 '바넬로피' 등 등장인물들의 성격 및 행동 특성을 살펴보는 것은 흥미로운 일일 것이다. 등장인물들의 구조 및 기능분석, 대화패턴 그리고 라켓감정 등을 분석해보기 위한 각 인물의 특징은 다음과 같다.

가. 결코 미워할 수 없는 순정 악당 '랄프'

"난 그냥 내 일을 열심히 했을 뿐인데, 왜 나만 미워해?

랄프는 뭐든지 파괴해버리는 핵주먹을 가지고 있지만 가슴은 따뜻한 순정남이다. 투철한 직업정신을 가진 그는 30년 동안 매일같이 8비트 게임 '다고쳐 펠릭스'에서 건물을 부수며 나쁜 놈 역할을 수행해왔다. 하지만 아무리 열심히 해도 아무도 그를 좋아하지 않는다. 직업 때문에 자신이 미움받는다고 생각하자 랄프는 점점 악당이라는 직업에 회의를 느낀다. 모두에게 비난받고 무관심에 상처받는 악당 대신 누구나 좋아하는 영웅이 되고 싶은 랄프는 이게이드 게임 세상을 가로지르는 거친 여정을 통해 '악당'이지만 진짜 '나쁜 놈'은 아니라는 걸 증명하려한다. 용맹한 전사들과 사악한 우주 해충으로 가득한 슈팅 게임 '히어로즈 듀티'에서 어렵게 영웅 메달을 획득하지만 달콤한 과자로 된 카트를 타고 질주를 벌이는 레이싱 게임 '슈가 러시'로 불시착하게 된다. 그곳에서 만난 천방지축 바넬로피에게 메달을 빼앗기게 된 랄프는 화가 많이 났지만 다른 친구들에게 괴롭힘을 당하는 꼬마 숙녀를 도와주는 따뜻함을 보여준다. 메달을 가지고 빨리 돌아가야 하는 절박함을 가진 자신보다 자동차 레이스를 해야 하는 꼬마 숙녀를 먼저 도와주고 결국 그녀를 살리기 위해 자신의 목숨을 포기하기로 결심하고 행동으로 옮긴다.

나. 모두에게 사랑받는 다재다능하고 착한 영웅 '펠릭스'

"나쁜 놈이 있어야 내가 더 빛나는 법! 랄프 땡큐!"

펠릭스는 '다고쳐 펠릭스'의 착한 영웅이자 황금 망치로 뭐든 고쳐내는 정비공이다. 나이스 랜드 주민들의 사랑을 한 몸에 받고 있다. 랄프가 부수고 간 건물을 순식간에 고쳐내는 펠릭스는 영웅의 상징인 금메달을 목에 걸고 주민들의 키스와 찬사, 손수 만든 파이 선물을 받느라 쉴 틈이 없다. 그러나 결코 교만함도 없고 얼굴에는 언제나 따뜻한 미소가 가득하다. 또한 모든 사람에게 친절하고 다정다감하며 어떤 부탁도 거절하지 않고 웃으며 해결해준다. 선행이 몸에 배어 있는 착한 남자 펠릭스는 '나이스 랜드' 주민들의 파티를 망치려는 랄프를 막아내려 하지만 마음이 약해 모질게 대하지 못한다. 그리고 '다고쳐 펠릭스'를 떠난 랄프를 데려오기 위해 위험하고 힘든 모험의 길을 떠난다. 랄프를 찾고 사이버그를 없애야 하는 과업을 안고 있지만 미모의 여전사에게 마음을 빼앗겼을 때는 공과 사를 정확하게 구분했던 여전사와는 달리 사랑의 감정에 빠진다. 게임의 세계를 탈출한 랄프 때문에 본인의 게임이 사라질 위기에 놓였지만 결코 비난이나 책임추궁 없이 자신의 능력을 발휘해 랄프에게 도움을 준다.

다. 냉철하고 강인한 카리스마를 가진 우주 여전사 '칼훈' 병장

"군인은 메달 따위 필요 없다! 이 세계를 지키면 그뿐!"

슈팅 게임 '히어로즈 듀티'의 SF 전쟁터를 누비는 칼훈 병장은 그저 아리따운 여성이라고 생각하면 큰 오산이다. 미모와 강인함, 그리고 카리스마를 지닌

여전사다. 그녀는 인류의 자유를 위해 싸우는 용맹한 군인이며 승리를 위해 자신의 병사들을 혹독하게 훈련시키는 카리스마 넘치는 리더이다. '군인은 세계를 지켜야 한다', '전쟁의 규칙은 첫 번째 병사를 무조건 지키는 것이다' 등의 자신만의 원칙을 세우고 지켜나간다. 그 원칙을 깨뜨리는 사람은 누구든 용서하지 못한다. 검은 갑옷으로 완전 무장하고 사이버그의 악독한 공격에 맞서는 칼훈 병장은 '히어로즈 듀티'의 플레이어와 게임 세계를 보호하기 위해 전투를 멈추지 않는다. 엄마와 같은 따뜻한 미소도 없고, 친절하고 온화한 태도도 없다. 상대방의 감정을 살필 마음의 여유도 없다. 그저 맡은 일을 수행하는 데 최선과 책임을 다할 뿐이다. 착한 남자 펠릭스에게 끌리고 있지만 감정을 허용하지 못하고 부정한다. 일을 관계보다 더 우선시하며 공과 사를 구분하여 업무를 수행한다. 자기 자신에 대한 통제력과 절제력이 뛰어나며 상대에게도 그것을 요구하거나 강요한다. 맡은 일에 대한 완벽 처리를 제일 우선으로 여기며 게으르고 무책임한 부하들에 대해 냉혹한 비판과 비난으로 처벌적인 자세를 취한다.

라. 지치지 않는 질주본능을 가진 진정한 꼬마 레이서 '바넬로피'

"난 이렇게 귀엽고 깜찍한데 왜 레이싱을 못 하게 하는 거야!"

카트 레이싱 게임 '슈가 러시'에서 '오류' 캐릭터로 손가락질 받으며 왕따를 당하는 바넬로피는 레이서로서의 꿈과 열정을 가지고 있다. 뼛속까지 레이서인 그녀는 다른 친구들과 함께 경주를 치르고 싶어 한다. 하지만 오랫동안 따돌림 당해온 그녀에게 변변한 레이싱 '카'는커녕 잘 곳도 마땅치 않다. 그런 그녀가 자신의 게임 속으로 들어온 랄프의 메달을 가지고 드디어 레이스 신청을 하게 되면서 다시 희망을 가지게 된다. 따돌림의 흔적은 전혀 없고 오히려 당차고 명랑하며 천방지축이다. 자신감과 적극성, 그리고 열정이 넘치며 매사에 긍정적이다. 자신의 열정을 이루기 위해 오로지 자신을 생각하며 상대인 랄프의 입장은 고려하지 않고 그에게 중요한 메달을 가져가는 이기적인 면과 그 메달을 잠시 자신의 일에 이용하는 것이 왜 잘못된 것인지조차 알지 못하고, 알고 싶어 하지도 않는 도덕성과 양심의 부재를 보이기는 하지만 열정의 에너지를 쏟아내는 긍정 아이콘이다.

마. 그 외 모임에 나오는 악당 캐릭터들

이들은 저마다 자신들의 게임 속에서 악당 역을 맡고 있는 캐릭터들이다. 자신들은 결코 착한 캐릭터가 될 수 없다는 현실을 받아들이고 순응하며 살아가고자 한다. 하지만 그로 인해 다른 사람들로부터 받게 되는 곱지 않은 시선들 그리고 착한 캐릭터가 되고자 하는 열망을 누르며 신세한탄과 하소연을 위해 모임을 갖는다. 악당 역이 싫다는 랄프의 말을 듣고 깜짝 놀라며 악당 역을 버리면 그 게임이 존재할 수 없기 때문에, 그리고 자신들의 존재가 사라지기 때문에 받아들여야만 한다는 것을 피력한다. 착한 캐릭터들을 부러워하고 또 착하게 살아가고 싶지만 그런 자신들의 욕구를 누르며 현실에 순응하고 타협하며 살아가고자 한다. 많은 악당 캐릭터 특히 랄프는 그런 사실에 못내 아쉬움을 가지고 마음속에 불만 아닌 불만을 쌓아가고 있다.

바. 생각해볼 거리들

분석 \ 등장인물	랄프	펠릭스	칼훈	바넬로피	악당 캐릭터들
구조분석					
기능분석					
대화분석					
라켓감정					
시간의 구조화					
방어기제					

교류분석 이론과 방어기제

　　프로이트는 억압된 욕구를 직면한 문제와는 관계없는 방향으로 해소하여 자아가 무의식중에 파국으로 빠지는 것을 막고 자신을 보호하려는 방어기제에 대해 언급하였다. 즉, 자아 방어는 무의식의 수준에서 일어나지만 현실을 거부하거나 왜곡시키는 경향이 강하다. 대부분의 사람이 개인의 발달수준과 불안의 정도에 따라 다를 뿐 누구나가 방어기제를 사용하며 살아간다. 누구나가 사용하는 방어기제는 병적이라기보다 정상적인 행동이라 할 수 있으나 일상생활을 방해할 정도로 지나치다면 바람직하다고 할 수 없다. 또한 지나치거나 건강하지 못한 방어기제는 A자아를 오염시키고 A자아의 기능을 방해할 수 있다. 객관적이고 합리적인 A자아를 활성화시키고 제 기능을 다할 수 있게 함으로써 비생산적인 방어기제에 에너지를 쏟지 않도록 해야 한다.

　　프로이트는 불안을 현실적 불안과 신경증적 불안, 그리고 도덕적 불안으로 나누어 설명했다. 방어기제는 바로 이러한 불안을 극복하고 불안에 압도되지 않도록 하기 위해 행해지는 행동으로 개인이 불안에 대처하는 것을 돕고 상처 입은 자아를 보호한다. 억압, 부정, 반동형성, 투사, 전위, 승화, 합리화, 퇴행, 주지화 등이 방어기제로 설명될 수 있다. 내용을 정리하면 다음과 같다.

1. 억압

　자아가 위협적인 내용을 의식 밖으로 밀어내거나 혹은 그러한 자료를 의식하지 않으려고 적극적으로 노력한다. 누군가에 대한 미움을 속으로 삭이는 것이 억압의 예가 될 수 있다.

2. 부정

　부정은 현실에서 일어났던 위협적이거나 외상적인 사건을 받아들이지 않고 거절한다. 자녀나 부모의 죽음 등을 인정하지 않고 부인하는 것이 부정의 예가 될 수 있다.

3. 반동형성

　개인의 내면에서 수용할 수 없는 충동을 정반대로 적극적으로 표현하는 것이다. 좋아하는 마음을 괴롭히는 것으로 표현하는 것이나, 동성연애 하는 사람이 동성연애 영화를 보고 욕하는 것이 반동형성의 예가 될 수 있다.

4. 투사

　자신이 갖고 있는 좋지 않은 충동을 다른 사람이 가지고 있다고 원인을 돌리려 한다. 자신이 미워하는 사람이 자신에게 말을 하지 않는 것을 보고 자신을 미워해서 그런 것이라 생각하는 것이 투사의 예가 될 수 있다.

5. 전위

어떤 대상에게 원초아의 충동을 표현하기가 부적절하면 그러한 충동을 다른 대상으로 대체한다. '종로에서 뺨 맞고 한강에서 화풀이한다'는 속담과 유사하며 회사에서 상사에게 깨지고 돌아와 자신보다 약한 사람에게 화풀이하는 것이 전위의 예가 될 수 있다.

6. 승화

전위의 한 형태로서 수용될 수 없는 충동이 사회적으로 받아들여질 수 있는 충동으로 대체되도록 한다. 학교폭력 가해 학생으로 지내다 사회에 나와 권투선수로 살아가면서 그 에너지를 쓰는 것이 승화의 예가 될 수 있다.

7. 합리화

자신의 행동을 그럴듯한 그러나 부정확한 핑계를 사용하여 받아들여질 수 있게끔 행동을 재해석하는 것이다. 포도를 먹지 못하게 된 여우가 '저 포도는 시어서 먹을 수 없을 거야'라고 생각하는 것이 합리화의 예가 될 수 있다. 교사 임용시험에 떨어진 사람이 '요즘 학생들 버릇도 없고, 업무도 많아 교사가 되어도 힘들어'라며 자신의 실패를 합리화하는 것도 이와 같다.

8. 퇴행

위협적인 현실에 직면하여 덜 불안을 느꼈던 그리고 책임감이 적었던 이전의 발달단계의 행동을 하는 것이다. 성인이 되어서도 자신이 가지고 싶은 것에 징징거리며 떼쓰거나 어린이 같은 행동을 하는 것이 포함되며, 초조하거나 불안할 때 손톱을 물어뜯는다든지, 머리카락을 입에 넣고 질겅질겅 씹는다든지 하는 행동들은 모두 구강기로 퇴행한 모습의 예라 할 수 있다.

'무자식 상팔자'에 나오는 신새롬(견미리)은 룸살롱 출신의 어머니에게서 사생아로 태어나 상처가 많은 인물이다. 그러나 자신을 왕비처럼 떠받드는 남편과 다복하게 살아가고 있다. 애교가 많고 붙임성이 있으며, 밝고 명랑하지만 입이 가벼워 의도하지 않게 다른 사람들을 곤혹스럽게 할 때가 있다. 그녀는 아주 어린아이처럼 목소리를 내며 조금만 아파도 엄살을 부려 주위사람들로부터 관심받으려고 한다. 또한 원하는 것이 있을 때는 징징거리며 얻어내려고 하고 툭하면 울어버림으로써 자신이 원하는 것을 얻는다. 성인이지만 어린아이의 모습으로 돌아간 것 같은 퇴행을 보여주고 있다.

9. 주지화

위협을 냉정하고 분석적으로 초연하게 생각하는 경향이다. 부모의 암 선고를 받고 '괜찮아. 사람은 누구나 한 번은 죽는 거야'라고 냉정하게 생각하며 암 관련 서적을 찾아보는 것이 주지화의 예가 될 수 있다.

교류분석 이론과 비합리적 사고

삶 속에서 우리를 힘들게 하는 것들 숭에는 왜곡된 사고 또는 비합리적인 사고가 있다. 많은 사람은 힘든 상황에 직면했을 때, 현실을 직시하고 문제에 대한 해결 방법을 모색하며, 긍정적인 사고로 어려움을 극복해나간다. 그러나 힘든 상황을 받아들이고 직면하기를 거부하며, 현실을 왜곡하는 비합리적인 사고나 부정적인 사고로 고통의 시간을 보내는 사람들도 있다. 비합리적인 사고는 정보를 받아들이고, 처리하며 다섯 가지 자아가 상황에 합당하게 사용되는지 판단하며, 올바른 사고를 도와주는 A자아의 역할을 방해한다. 오염된 A자아를 교육하여 각본과 게임으로부터 벗어나 삶을 재결단하기 위해서는 비합리적인 사고에서 벗어나 합리적 사고로 대체하는 것이 필요하다. 이러한 비합리적 사고에는 어떤 것들이 있는지 살펴보고 자신은 어떤 비합리적 사고를 사용하고 있는지 체크해보자. 그리고 그러한 비합리적인 사고를 대신할 수 있는 합리적인 사고에 대해 생각해보고 대처능력을 향상시켜 나가야 할 것이다.

1. 이분법적 사고

　어떤 사고를 할 때 이것 아니면 저것이라는 극단적인 사고를 하며 그 중간적인 것을 허용하지 않으려는 경향이다.

　'우파, 좌파', 'Yes or No'를 주장하는 것이나 '이것 아니면 저것', '할 거면 똑바로 하고 말 거면 아예 그만둬'라는 것들은 이분법적 사고의 예이다.

2. 개인화

　관련지을 만한 근거가 없는데도 외적 상황들을 자기 자신과 관련지어 모든 것을 다 자신의 책임으로 돌리고 스스로 죄책감을 느끼거나 힘들어하게 되는 경향이다. 지병으로 돌아가신 부모님의 죽음이 자기 때문이라고 자책하며 가슴 아파하는 것이 개인화의 예이다.

3. 극대화/극소화

　어떤 경우나 상황을 실제 가치보다 더 크게 또는 더 작게 지각하는 것으로 보통 자신의 장점은 극소화하고 자신의 단점은 극대화하여 스스로를 힘들게 하게 된다. 'I'm Not OK, You're OK'의 인생관을 가진 사람이 자신은 할 수 있는 게 아무것도 없다고 생각하는 반면 다른 사람들은 모두가 완벽하다고 생각하는 것이 극대화 · 극소화의 예이다.

4. 과일반화

어떤 하나의 사건이나 상황으로 만들어진 극단적인 신념을 유사하지도 않은 다른 상황에까지 부적절하게 적용하는 것으로 한 남자에게 버림받은 여자가 모든 남자를 거부하며 남자라는 존재 자체를 비인간적이고 파렴치한이라고 생각하게 되는 것이 과일반화의 예이다.

5. 극단적 사고

흑백논리로 생각하거나 해석하고, 경험을 어느 한 극단으로 범주화하는 것이다. 보통 언어 속에 '절대로', '결코', '항상', '죽어도', '한 번도' 등의 단어를 사용하게 된다. 결혼에 실패했던 사람이 '나는 두 번 다시는 결코 결혼하지 않을 것이다'라고 생각하는 것이 극단적 사고의 예이다.

합리적 · 정서적 · 행동적 상담(REBT)에서는 개인의 신념 체계는 합리적 신념과 비합리적 신념으로 구성되어 있으며 이 중에서 비합리적 신념이 정서 장애의 주요 원인이 되며 자기 스스로를 힘들게 만드는 것이라고 한다. 따라서 비합리적인 신념에 대한 적절한 논박을 통하여 합리적 신념으로 대체할 수 있는 힘과 삶의 자세를 가지는 것이 필요하다. 인간은 합리적인 신념을 가질 수도 있고, 비합리적인 신념을 가질 수도 있다. 합리적 신념은 자신의 삶을 행복하게 만들며, 다른 사람과 원만한 관계를 가능하게 하며 서로 사랑할 수 있게 해주고, 스스로를 성장시켜 자아실현을 가능하게 한다. 또한 A자아가 올바르게 작동할 수 있도록 도와주며 오염되지 않도록 한다. 반면 비합리적 신념은 스스로를 파괴하고 자신의 능력을 믿지 못하게 하며, 실수하게 하고, 부정적이며, 자신의 성장 가능성을 피하게 하는 경향이 있다. 따라서 Albert Ellis는 모든 부적응 행동의 근원은 바로 이 비합리적 신념에 있다고 밝히고 있다. 따라서 이러한 비합리적 신념에 논박을 함으로써 합리적 신념으로 전환하여 합리적 결과에 도달할 수 있도록 하는 과정을 ABCDE 이론이라 하고 다음과 같이 설명하고 있다.

- A-정서적 혼란을 일으키는 활동(Activity), 행동(action), 사건(agent)
- B-개인이 A를 보는 관점 또는 A를 일으키는 배경이 되는 신념(Belief)
- C-(consequence)는 B에 대한 정서적 · 인지적 · 행동적 결과 또는 반응
  합리적 신념-합리적 결과(rC)/비합리적 신념-비합리적 결과(irC)
- D-(dispute)는 상담에서 비합리적 신념을 합리적 신념으로 바꾸기 위하여
  논쟁 또는 논의를 하거나 상담을 하는 과정
- E-(effect)는 비합리적 신념이 논의를 통한 인지적 효과, 행동적 효과,
  정서적 효과

영희가 남자친구와 헤어지고 난 후(A) 자신에게 절대로 일어나서는 안 되는 일이라고 생각하여(irB), 의욕을 상실한 채 우울하게 지낼 수도 있고(irC), 살다 보면 있을 수도 있는 일이라고 생각하여(rB), 행복한 삶을 위해 무엇인가를 배우며 바쁘게 살아갈 수도 있다. 영희는 상담선생님과 상의하여(D) "절대로 일어나서는 안 되는 일이다"는 것은 비합리적 생각이고, "살다 보면 있을 수도 있는 일이다"는 것이 합리적 생각이라는 것을 깨닫고 합리적 생각으로 바꾸면(cE), 무기력이나 좌절감이 덜 생기고(eE) 다른 일을 찾아 더 열심히 노력하게 된다(bE).

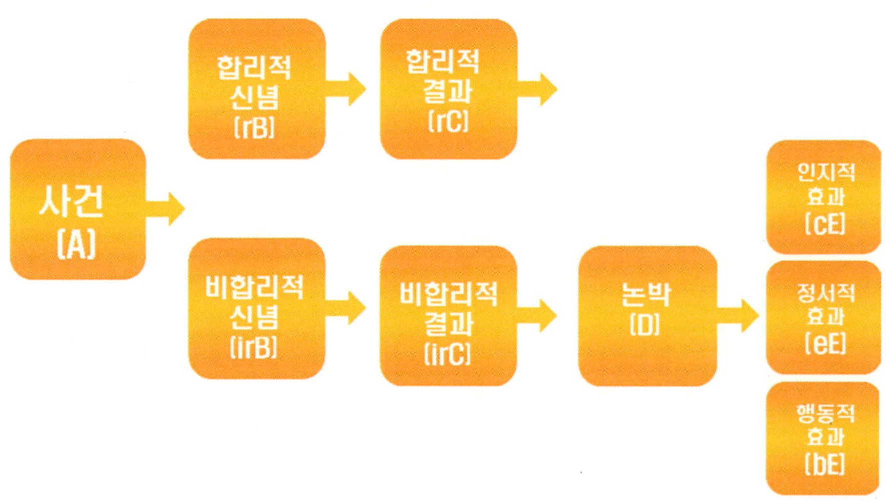

 드라마로 풀어보는
교류분석 이야기

합리적 결론 사이클

상황1

A
수학시험에서
항상 100점을 받았던 윤아는
이번 시험에 90점을 받았다.
그러나 시험이 어려워 평균이
50점이 나왔다.
irB
" 내가 90점을 받다니…
이건 절대 있을 수
없는 일이야.
irC
D
E

상황2

A
미나는 오늘 학교에서 친구들과
사소한 오해로 인해 말싸움을
했다.
irB
irC
D
E

교류분석 이론과 WDEP

	Want의 첫 글자 W다. 요즘 내가 원하는 것은 무엇인가? 진정으로 내가 원하고 있는 것은 무엇인가? 그것이 정말 내가 원하는 것인가? 그것을 원하는 더 큰 바람이 있지는 않은가?
	Doing의 첫 글자 D다. Here & Now에서 자신은 무엇을 하고 있는지 탐색해본다. 나는 무엇을 하며 지내나? 학교에서, 집에서, 사회에서…… 시간을 어떻게 보내고 있으며 어떤 행동들을 하고 있는가?
	Evaluating의 첫 글자 E다. Here & Now에서 행하고 있는 행동이 자신의 Want를 얻는 데 도움이 되는 것인지 탐색해본다. 내가 하고 있는 일들이 내 가치관과 일치하는가? 또 내 가치관은 내 욕구를 바람직한 방법으로 채워나갈 수 있는 것들인가? 지금 내가 하고 있는 행동이 내 욕구를 충족시켜 나가는 것을 방해하고 있는 것은 아닌가?
	Plan의 첫 글자 P다. Here & Now에서 나의 행동이 Want를 얻기 위해 도움이 되지 않는다면 내 욕구를 채워나갈 수 있는 방법은 무엇인가? 내가 원하는 것을 얻고 내 삶의 주인공으로서 살아갈 수 있는 방법은 무엇인가? 계획을 가지고 있는가?

갈등 상황이나 스트레스 혹은 문제 상황에 놓였을 때 A자아를 활성화시키고, A자아가 제 기능을 다하도록 매사에 WDEP 사이클에 맞춰 탐색하고 생각해보는 것은 바람직하다. 드라마 속 인물들의 갈등 상황과 문제 해결방법을 WDEP 공식에 적용해보면 다음과 같다.

'그래도 당신'의 강채린(왕빛나)의 진정한 바람은 무엇일까? 전 부인을 잊지 못하는 남편 나한준에게 분노하며 그의 행동을 비난하고 질책한다. 그러면서도 전 부인 차순영(신은경)을 그의 곁에서 떼어놓기 위해 온갖 계략을 꾸미고, 모든 수단과 방법을 동원해 차순영을 파멸시키려 한다. 그렇다면 강채린의 Want는 남편에 대한 복수일까? 아니면 차순영에 대한 파멸일까? 그녀의 겉으로 드러난 바람은 남편에 대한 복수와 차순영에 대한 파멸로 보일 수 있다. 그러나 아마도 그녀의 진정한 바람은 이 두 사람에 대한 복수가 아니라 남편에게 사랑받고 남편과의 관계 회복을 통한 '행복한 부부'로 살아가는 것일 것이다.

그러므로 강채린의 진정한 바람(Real Want)은 '행복한 부부'로 살아가는 것이다. 그녀는 그러한 바람을 가지고 있으면서 늘 남편을 윽박지른다. 소리 지른다. 아직도 전 부인을 잊지 못한다 비난하고, 그 여자를 파멸시키는 행동을 하도록 강요한다. 끝없이 그 여자를 위험과 어려움에 처하게 만드는 상황을 계획하도록 만들고 그러지 못하면 원망하고 의심한다. 또한 차순영에 대해 지속적으로 경계하며 협박과 위협을 가하고 남편에게서 떠나가도록 한다.

그녀의 이러한 행동들은 어떠한가? 그녀의 진정한 바람을 얻는 데 도움이 되고 있을까? 남편과의 원만한 관계 회복에 도움이 되고 있을까? 남편이 자신을 사랑하게 되는 계기를 마련해줄 수 있는 행동들일까? 행복한 가정생활을 꿈꾸는 자신의 가치에 부합하는 행동일까? 답은 이미 알고 있다. 지금 현재 그녀의 행동들은 결코 문제를 해결하는 데 도움이 될 수 없는, 오히려 관계를 더 망치고 서로에게 더 큰 상처를 남기는 행동임에 틀림이 없다.

그렇다면 어떻게 해야 하는 것일까? 만약에 내가 강채린의 입장이라면 어떻게 할 수 있을까? 사람마다 방법이 조금씩 다를 수 있겠으나 교과서적으로 말하자면 다음과 같을 것이다. 남편과의 진솔한 대화를 통해 자신은 남편을 사랑하고 있음을 알린다. 그리고 남편도 자신을 사랑해주기를 바란다는 것을 요청해야 한다. 그래서 진정으로 원하는 것이 '행복한 부부'로서 함께 살아가는 것임을 진솔하게 말해야 한다. 그러기 위해 서로가 무엇을 해야 하는지 의논하고 계획해야 한다. 가령 전 부인이 경제적으로 힘들다면 도와주는 방법을 모색할 수도 있고, 그 사이에서 태어난 아이가 있다면 양육문제에 대해 의논할 수도 있다. 이렇게 Want를 찾고 행동을 탐색하고, 그 행동이 Want를 얻는 데 도움이 되는지 확인하며, Want를 얻기 위해 어떻게 해야 하는지 앞으로의 행동 계획을 세워보는 것이 'WDEP'모형이다.

최근 해결해야 할 문제나 심각하게 고민하고 있는 문제가 무엇인지 생각해봅시다. 그리고 그 문제나 고민을 어떻게 해결해야 하는지 A자아를 활성화시켜 W → D → E → P 에 맞게 풀어나가 봅시다.

문제/고민	
W	
D	
E	
P	

참고문헌

논문

1. 공근순(2010). 「상호교류분석이론에 기초한 부모교육이 어머니의 양육태도 및 의사소통 변화에 미치는 영향」. 석사학위논문, 삼육대학교.

2. 고남희(2009). 「교류분석 활용 부모 교육프로그램이 부모-자녀 간 의사소통, 부모효능감 및 양육스트레스에 미치는 영향」. 석사학위논문, 연세대 교육대학원.

3. 김경화(2003). 「상호교류분석이론에 기초한 부모교육이 어머니의 심리적 자세와 자아개념 및 유아의 자아개념에 미치는 영향」. 박사학위논문, 중앙대학교.

4. 김미숙(2010). 「상호교류분석이론에 기초한 부모교육이 어머니의 자아개념과 대인관계 능력에 미치는 영향」. 석사학위논문, 삼육대학교.

5. 김선희(2008). 「교류분석 프로그램이 유아의 사회성 발달에 미치는 영향」. 석사학위논문, 동국대 교육대학원.

6. 박원모(2007). 「교류분석 이론에 의한 중·고등학생 자아 상태 검사 개발 및 타당화」. 박사학위논문, 경성대학교.

7. 배영미(2009). 「교류분석이론을 토대로 한 부모교육이 어머니의 양육태도 및 의사소통에 미치는 영향」. 석사학위논문, 대구가톨릭대학교.

서적

1. 박의순 외(2008). 『TA상담과 심리치료 기법』. 서울: 시스마프레스.

2. 송희자(2010). 『교류분석이론』. 서울: 시스마프레스.

3. 우재현(2007). 『심성개발을 위한 교류분석(TA) 프로그램』. 대구: 정암서원.

4. 우재현(2007) 『임상 교류분석(TA) 프로그램』. 대구: 정암서원.

5. 우재현(1997). 『이고그램 243패턴』. 대구: 정암서원.

6. Eric Berne(2009). 『심리게임(Games People Play)』. (조혜정 역). 서울: 한영문화사(원전은 1964년에 출판).

7. Ian Stewart(2009). 『교류분석(TA) 개인상담』. (우재현 역). 대구: 정암서원.

8. Eric Bern, M. D.(1972). *What do you Say After you Say Hello*. INC. New York: Grove Press.

9. Thomas A. Harris, M. D.(1967). *I'm OK-YOU'RE OK*. Harper & Low, Publishers INC. New York.

10. Eric Bern, M. D.(1961). *Transactional Analysis In Psychotherapy*. Grove Press, INC. New York.

11. Eric Bern, M. D.(1970). *Sex in Human Loving*. The Benjamin Company, INC. New York.

12. Eric Bern, M. D.(1964). *Games PeoPle Play*. INC. New York. New York. Grove Press.

13. Robert E. Wubbolding.(2000). Reality Therapy 21st century. Taylor & Francis Group. New York.

글 **김경미**

경상대학교 석사 졸업

세종대학교 전문상담교사 1급 양성과정 수료

충북대학교 박사 수료(교육심리 및 상담)

전) 중 · 고등학교 윤리교사(~2006)

　　논산교육지원청 전문상담교사(2006~2007)

　　아산교육지원청 Wee센터 실장, 전문상담교사(2007~2012)

현) 천안교육지원청 Wee센터 실장, 전문상담교사

『더불어 행복한 학교』

『상담이론으로 지도하는 진로교육』

『쉽고 재미있는 상담교실』

『교류분석(TA) 카드』

『감정(FAP) 카드』

『가치(VAP) 카드』

그림 **이민지**

상명대학교 디지털 애니메이션 학과

드라마로
풀어보는
교류분석
이야기

초판인쇄 2013년 5월 15일
초판발행 2013년 5월 15일

지은이 김경미
펴낸이 채종준
기 획 이주은
마케팅 송대호 · 김보미
편 집 박은주
표지디자인 홍은표
본문디자인 김소영

펴낸곳 한국학술정보(주)
주 소 경기도 파주시 문발동 파주출판문화정보산업단지 513-5
전 화 031) 908-3181(대표)
팩 스 031) 908-3189
홈페이지 http://ebook.kstudy.com
E-mail 출판사업부 publish@kstudy.com
등 록 제일산-115호(2000.6.19)

ISBN 978-89-268-4278-2 93370 (Paper Book)
     978-89-268-4279-9 95370 (e-Book)

이담 Books 는 한국학술정보(주)의 지식실용서 브랜드입니다.